ENGELS
WOORDENSCHAT

THEMATISCHE WOORDENLIJST

NEDERLANDS
ENGELS

De meest bruikbare woorden
Om uw woordenschat uit te breiden en
uw taalvaardigheid aan te scherpen

5000 woorden

Thematische woordenschat Nederlands-Amerikaans-Engels - 5000 woorden
Door Andrey Taranov

Woordenlijsten van T&P Books zijn bedoeld om u woorden van een vreemde taal te helpen leren, onthouden, en bestudering. Dit woordenboek is ingedeeld in thema's en behandelt alle belangrijk terreinen van het dagelijkse leven, bedrijven, wetenschap, cultuur, etc.

Het proces van het leren van woorden met behulp van de op thema's gebaseerde aanpak van T&P Books biedt u de volgende voordelen:

- Correct gegroepeerde informatie is bepalend voor succes bij opeenvolgende stadia van het leren van woorden
- De beschikbaarheid van woorden die van dezelfde stam zijn maakt het mogelijk om woordgroepen te onthouden (in plaats van losse woorden)
- Kleine groepen van woorden faciliteren het proces van het aanmaken van associatieve verbindingen, die nodig zijn bij het consolideren van de woordenschat
- Het niveau van talenkennis kan worden ingeschat door het aantal geleerde woorden

Copyright © 2015 T&P Books Publishing

Alle rechten voorbehouden. Niets uit deze uitgave mag worden verveelvoudigd, opgeslagen in een geautomatiseerd gegevensbestand en/of openbaar gemaakt in enige vorm of op enige wijze, hetzij elektronisch, mechanisch, door fotokopieën, opnamen of op enige andere manier zonder voorafgaande schriftelijke toestemming van de uitgever. U mag dit boek niet verspreiden in welk formaat dan ook.

T&P Books Publishing
www.tpbooks.com

ISBN: 978-1-78492-334-1

Dit boek is ook beschikbaar in e-boek formaat.
Gelieve www.tpbooks.com te bezoeken of de belangrijkste online boekwinkels.

AMERIKAANS-ENGELSE WOORDENSCHAT
nieuwe woorden leren

T&P Books woordenlijsten zijn bedoeld om u te helpen vreemde woorden te leren, te onthouden, en te bestuderen. De woordenschat bevat meer dan 5000 veel gebruikte woorden die thematisch geordend zijn.

- De woordenlijst bevat de meest gebruikte woorden
- Aanbevolen als aanvulling bij welke taalcursus dan ook
- Voldoet aan de behoeften van de beginnende en gevorderde student in vreemde talen
- Geschikt voor dagelijks gebruik, bestudering en zelftestactiviteiten
- Maakt het mogelijk om uw woordenschat te evalueren

Bijzondere kenmerken van de woordenschat

- De woorden zijn gerangschikt naar hun betekenis, niet volgens alfabet
- De woorden worden weergegeven in drie kolommen om bestudering en zelftesten te vergemakkelijken
- Woorden in groepen worden verdeeld in kleine blokken om het leerproces te vergemakkelijken
- De woordenschat biedt een handige en eenvoudige beschrijving van elk buitenlands woord

De woordenschat bevat 155 onderwerpen zoals:

Basisconcepten, getallen, kleuren, maanden, seizoenen, meeteenheden, kleding en accessoires, eten & voeding, restaurant, familieleden, verwanten, karakter, gevoelens, emoties, ziekten, stad, dorp, bezienswaardigheden, winkelen, geld, huis, thuis, kantoor, werken op kantoor, import & export, marketing, werk zoeken, sport, onderwijs, computer, internet, gereedschap, natuur, landen, nationaliteiten en meer ...

INHOUDSOPGAVE

Uitspraakgids	9
Afkortingen	11

BASISBEGRIPPEN	12
Basisbegrippen Deel 1	12

1.	Voornaamwoorden	12
2.	Begroetingen. Begroetingen. Afscheid	12
3.	Hoe aan te spreken	13
4.	Kardinale getallen. Deel 1	13
5.	Kardinale getallen. Deel 2	14
6.	Ordinale getallen	15
7.	Getallen. Breuken	15
8.	Getallen. Eenvoudige berekeningen	15
9.	Getallen. Diversen	15
10.	De belangrijkste werkwoorden. Deel 1	16
11.	De belangrijkste werkwoorden. Deel 2	17
12.	De belangrijkste werkwoorden. Deel 3	18
13.	De belangrijkste werkwoorden. Deel 4	19
14.	Kleuren	20
15.	Vragen	20
16.	Voorzetsels	21
17.	Functiewoorden. Bijwoorden. Deel 1	21
18.	Functiewoorden. Bijwoorden. Deel 2	23

Basisbegrippen Deel 2	25

19.	Dagen van de week	25
20.	Uren. Dag en nacht	25
21.	Maanden. Seizoenen	26
22.	Meeteenheden	28
23.	Containers	28

MENS	30
Mens. Het lichaam	30

24.	Hoofd	30
25.	Menselijk lichaam	31

Kleding en accessoires	32

26.	Bovenkleding. Jassen	32
27.	Heren & dames kleding	32

28. Kleding. Ondergoed 33
29. Hoofddeksels 33
30. Schoeisel 33
31. Persoonlijke accessoires 34
32. Kleding. Diversen 34
33. Persoonlijke verzorging. Schoonheidsmiddelen 35
34. Horloges. Klokken 36

Voedsel. Voeding 37

35. Voedsel 37
36. Drankjes 38
37. Groenten 39
38. Vruchten. Noten 40
39. Brood. Snoep 41
40. Bereide gerechten 41
41. Kruiden 42
42. Maaltijden 43
43. Tafelschikking 44
44. Restaurant 44

Familie, verwanten en vrienden 45

45. Persoonlijke informatie. Formulieren 45
46. Familieleden. Verwanten 45

Geneeskunde 47

47. Ziekten 47
48. Symptomen. Behandelingen. Deel 1 48
49. Symptomen. Behandelingen. Deel 2 49
50. Symptomen. Behandelingen. Deel 3 50
51. Artsen 51
52. Geneeskunde. Medicijnen. Accessoires 51

HET MENSELIJKE LEEFGEBIED 52
Stad 52

53. Stad. Het leven in de stad 52
54. Stedelijke instellingen 53
55. Borden 54
56. Stedelijk vervoer 55
57. Bezienswaardigheden 56
58. Winkelen 57
59. Geld 58
60. Post. Postkantoor 59

Woning. Huis. Thuis 60

61. Huis. Elektriciteit 60

62. Villa. Herenhuis	60
63. Appartement	60
64. Meubels. Interieur	61
65. Beddengoed	62
66. Keuken	62
67. Badkamer	63
68. Huishoudelijke apparaten	64

MENSELIJKE ACTIVITEITEN 65
Baan. Business. Deel 1 65

69. Kantoor. Op kantoor werken	65
70. Bedrijfsprocessen. Deel 1	66
71. Bedrijfsprocessen. Deel 2	67
72. Productie. Werken	68
73. Contract. Overeenstemming.	69
74. Import & Export	70
75. Financiën	70
76. Marketing	71
77. Reclame	71
78. Bankieren	72
79. Telefoon. Telefoongesprek	73
80. Mobiele telefoon	73
81. Schrijfbehoeften	74
82. Soorten bedrijven	74

Baan. Business. Deel 2 77

83. Show. Tentoonstelling	77
84. Wetenschap. Onderzoek. Wetenschappers	78

Beroepen en ambachten 79

85. Zoeken naar werk. Ontslag	79
86. Zakenmensen	79
87. Dienstverlenende beroepen	80
88. Militaire beroepen en rangen	81
89. Ambtenaren. Priesters	82
90. Agrarische beroepen	82
91. Kunst beroepen	83
92. Verschillende beroepen	83
93. Beroepen. Sociale status	85

Onderwijs 86

94. School	86
95. Hogeschool. Universiteit	87
96. Wetenschappen. Disciplines	88
97. Schrift. Spelling	88
98. Vreemde talen	89

Rusten. Entertainment. Reizen	91
99. Trip. Reizen	91
100. Hotel	91

TECHNISCHE APPARATUUR. VERVOER — 93
Technische apparatuur — 93

101. Computer	93
102. Internet. E-mail	94
103. Elektriciteit	95
104. Gereedschappen	95

Vervoer — 98

105. Vliegtuig	98
106. Trein	99
107. Schip	100
108. Vliegveld	101

Gebeurtenissen in het leven — 103

109. Vakanties. Evenement	103
110. Begrafenissen. Begrafenis	104
111. Oorlog. Soldaten	104
112. Oorlog. Militaire acties. Deel 1	105
113. Oorlog. Militaire acties. Deel 2	107
114. Wapens	108
115. Oude mensen	110
116. Middeleeuwen	110
117. Leider. Baas. Autoriteiten	112
118. De wet overtreden. Criminelen. Deel 1	113
119. De wet overtreden. Criminelen. Deel 2	114
120. Politie. Wet. Deel 1	115
121. Politie. Wet. Deel 2	116

NATUUR — 118
De Aarde. Deel 1 — 118

122. De kosmische ruimte	118
123. De Aarde	119
124. Windrichtingen	120
125. Zee. Oceaan	120
126. Namen van zeeën en oceanen	121
127. Bergen	122
128. Bergen namen	123
129. Rivieren	123
130. Namen van rivieren	124
131. Bos	124
132. Natuurlijke hulpbronnen	125

De Aarde. Deel 2 127

133. Weer 127
134. Zwaar weer. Natuurrampen 128

Fauna 129

135. Zoogdieren. Roofdieren 129
136. Wilde dieren 129
137. Huisdieren 130
138. Vogels 131
139. Vis. Zeedieren 133
140. Amfibieën. Reptielen 133
141. Insecten 134

Flora 135

142. Bomen 135
143. Heesters 135
144. Vruchten. Bessen 136
145. Bloemen. Planten 136
146. Granen, graankorrels 138

LANDEN. NATIONALITEITEN 139

147. West-Europa 139
148. Centraal- en Oost-Europa 139
149. Voormalige USSR landen 140
150. Azië 140
151. Noord-Amerika 141
152. Midden- en Zuid-Amerika 141
153. Afrika 142
154. Australië. Oceanië 142
155. Steden 142

UITSPRAAKGIDS

Letter	Engels voorbeeld	T&P fonetisch alfabet	Nederlands voorbeeld

Klinkers

a	age	[eɪ]	Azerbeidzjan
a	bag	[æ]	Nederlands Nedersaksisch - dät, Engels - cat
a	car	[ɑ:]	maart
a	care	[eə]	alinea
e	meat	[i:]	team, portier
e	pen	[e]	delen, spreken
e	verb	[ɜ]	als in urn
e	here	[ɪə]	België, Australië
i	life	[aj]	byte, majoor
i	sick	[ɪ]	iemand, die
i	girl	[ø]	neus, beu
i	fire	[ajə]	bajonet
o	rose	[əʊ]	snowboard
o	shop	[ɒ]	Fries - 'hanne'
o	sport	[ɔ:]	rood, knoop
o	ore	[ɔ:]	rood, knoop
u	to include	[u:]	fuut, uur
u	sun	[ʌ]	acht
u	church	[ɜ]	als in urn
u	pure	[ʊə]	werken, grondwet
y	to cry	[aj]	byte, majoor
y	system	[ɪ]	iemand, die
y	Lyre	[ajə]	bajonet
y	party	[ɪ]	iemand, die

Medeklinkers

b	bar	[b]	hebben
c	city	[s]	spreken, kosten
c	clay	[k]	kennen, kleur
d	day	[d]	Dank u, honderd
f	face	[f]	feestdag, informeren
g	geography	[dʒ]	jeans, jungle
g	glue	[g]	goal, tango
h	home	[h]	het, herhalen
j	joke	[dʒ]	jeans, jungle

Letter	Engels voorbeeld	T&P fonetisch alfabet	Nederlands voorbeeld
k	king	[k]	kennen, kleur
l	love	[l]	delen, luchter
m	milk	[m]	morgen, etmaal
n	nose	[n]	nemen, zonder
p	pencil	[p]	parallel, koper
q	queen	[k]	kennen, kleur
r	rose	[r]	roepen, breken
s	sleep	[s]	spreken, kosten
s	please	[z]	zeven, zesde
s	pleasure	[ʒ]	journalist, rouge
t	table	[t]	tomaat, taart
v	velvet	[v]	beloven, schrijven
w	winter	[w]	twee, willen
x	ox	[ks]	links, maximaal
x	exam	[gz]	[g] als in goal + [z]
z	azure	[ʒ]	journalist, rouge
z	zebra	[z]	zeven, zesde

Lettercombinaties

ch	China	[tʃ]	Tsjechië, cello
ch	chemistry	[k]	kennen, kleur
ch	machine	[ʃ]	shampoo, machine
sh	ship	[ʃ]	shampoo, machine
th	weather	[ð]	Stemhebbende dentaal, Engels - there
th	tooth	[θ]	Stemloze dentaal, Engels - thank you
ph	telephone	[f]	feestdag, informeren
ck	black	[k]	kennen, kleur
ng	ring	[ŋ]	optelling, jongeman
ng	English	[ŋ]	optelling, jongeman
wh	white	[w]	twee, willen
wh	whole	[h]	het, herhalen
wr	wrong	[r]	roepen, breken
gh	enough	[f]	feestdag, informeren
gh	sign	[n]	nemen, zonder
kn	knife	[n]	nemen, zonder
qu	question	[kv]	kwaliteit, Ecuador
tch	catch	[tʃ]	Tsjechië, cello
oo+k	book	[ʊ]	hoed, doe
oo+r	door	[ɔː]	rood, knoop
ee	tree	[iː]	team, portier
ou	house	[aʊ]	blauw
ou+r	our	[aʊə]	blauwe
ay	today	[eɪ]	Azerbeidzjan
ey	they	[eɪ]	Azerbeidzjan

AFKORTINGEN
gebruikt in de woordenschat

Nederlandse afkortingen

mann.	-	mannelijk
vrouw.	-	vrouwelijk
mv.	-	meervoud
on.ww.	-	onovergankelijk werkwoord
ov.ww.	-	overgankelijk werkwoord
bn	-	bijvoeglijk naamwoord
bw	-	bijwoord
abn	-	als bijvoeglijk naamwoord
bijv.	-	bijvoorbeeld
enz.	-	enzovoort
wisk.	-	wiskunde
enk.	-	enkelvoud
ov.	-	over
mil.	-	militair
vn	-	voornaamwoord
telb.	-	telbaar
form.	-	formele taal
ontelb.	-	ontelbaar
inform.	-	informele taal
vw	-	voegwoord
vz	-	voorzetsel
ww	-	werkwoord

Nederlandse artikelen

de	-	gemeenschappelijk geslacht
het	-	onzijdig
de/het	-	onzijdig, gemeenschappelijk geslacht

Engelse afkortingen

v aux	-	hulp werkwoord
vi	-	onovergankelijk werkwoord
vi, vt	-	onovergankelijk, overgankelijk werkwoord
vt	-	overgankelijk werkwoord

BASISBEGRIPPEN

Basisbegrippen Deel 1

1. Voornaamwoorden

ik	I, me	[aɪ], [mi:]
jij, je	you	[ju:]
hij	he	[hi:]
zij, ze	she	[ʃi:]
het	it	[ɪt]
wij, we	we	[wi:]
jullie	you	[ju:]
zij, ze	they	[ðeɪ]

2. Begroetingen. Begroetingen. Afscheid

Hallo! Dag!	Hello!	[həˈləʊ]
Hallo!	Hello!	[həˈləʊ]
Goedemorgen!	Good morning!	[gʊd ˈmɔ:nɪŋ]
Goedemiddag!	Good afternoon!	[gʊd ˌɑ:ftəˈnu:n]
Goedenavond!	Good evening!	[gʊd ˈi:vnɪŋ]
gedag zeggen (groeten)	to say hello	[tə seɪ həˈləʊ]
Hoi!	Hi!	[haɪ]
groeten (het)	greeting	[ˈgri:tɪŋ]
verwelkomen (ww)	to greet (vt)	[tə gri:t]
Hoe gaat het?	How are you?	[ˌhaʊ ə ˈju:]
Is er nog nieuws?	What's new?	[ˌwɒts ˈnju:]
Dag! Tot ziens!	Bye-Bye! Goodbye!	[baɪ-baɪ], [gʊdˈbaɪ]
Tot snel! Tot ziens!	See you soon!	[ˈsi: ju ˌsu:n]
afscheid nemen (ww)	to say goodbye	[tə seɪ gʊdˈbaɪ]
Tot kijk!	So long!	[ˌsəʊ ˈlɒŋ]
Dank u!	Thank you!	[ˈθæŋk ju:]
Dank u wel!	Thank you very much!	[ˈθæŋk ju ˈveri mʌtʃ]
Graag gedaan	You're welcome.	[jʊɑ: ˈwelkəm]
Geen dank!	Don't mention it!	[ˌdəʊnt ˈmenʃən ɪt]
Excuseer me, ...	Excuse me, ...	[ɪkˈskju:z mi:]
excuseren (verontschuldigen)	to excuse (vt)	[tə ɪkˈskju:z]
zich verontschuldigen	to apologize (vi)	[tə əˈpɒlədʒaɪz]
Mijn excuses.	My apologies.	[maɪ əˈpɒlədʒɪz]

Het spijt me!	I'm sorry!	[aɪm 'sɒrɪ]
Maakt niet uit!	It's okay!	[ɪts ˌəʊ'keɪ]
alsjeblieft	please	[pli:z]
Vergeet het niet!	Don't forget!	[ˌdəʊnt fə'get]
Natuurlijk!	Certainly!	['sɜ:tənlɪ]
Natuurlijk niet!	Of course not!	[əv ˌkɔ:s 'nɒt]
Akkoord!	Okay!	[ˌəʊ'keɪ]
Zo is het genoeg!	That's enough!	[ðæts ɪ'nʌf]

3. Hoe aan te spreken

meneer	mister, sir	['mɪstə], [sɜ:]
mevrouw	ma'am	[mæm]
juffrouw	miss	[mɪs]
jongeman	young man	[jʌŋ mæn]
jongen	young man	[jʌŋ mæn]
meisje	miss	[mɪs]

4. Kardinale getallen. Deel 1

nul	zero	['zɪərəʊ]
een	one	[wʌn]
twee	two	[tu:]
drie	three	[θri:]
vier	four	[fɔ:(r)]
vijf	five	[faɪv]
zes	six	[sɪks]
zeven	seven	['sevən]
acht	eight	[eɪt]
negen	nine	[naɪn]
tien	ten	[ten]
elf	eleven	[ɪ'levən]
twaalf	twelve	[twelv]
dertien	thirteen	[ˌθɜ:'ti:n]
veertien	fourteen	[ˌfɔ:'ti:n]
vijftien	fifteen	[fɪf'ti:n]
zestien	sixteen	[sɪks'ti:n]
zeventien	seventeen	[ˌsevən'ti:n]
achttien	eighteen	[ˌeɪ'ti:n]
negentien	nineteen	[ˌnaɪn'ti:n]
twintig	twenty	['twentɪ]
eenentwintig	twenty-one	['twentɪ ˌwʌn]
tweeëntwintig	twenty-two	['twentɪ ˌtu:]
drieëntwintig	twenty-three	['twentɪ ˌθri:]
dertig	thirty	['θɜ:tɪ]
eenendertig	thirty-one	['θɜ:tɪ ˌwʌn]

tweeëndertig	thirty-two	[ˈθɜːtɪˌtuː]
drieëndertig	thirty-three	[ˈθɜːtɪˌθriː]
veertig	forty	[ˈfɔːtɪ]
eenenveertig	forty-one	[ˈfɔːtɪˌwʌn]
tweeënveertig	forty-two	[ˈfɔːtɪˌtuː]
drieënveertig	forty-three	[ˈfɔːtɪˌθriː]
vijftig	fifty	[ˈfɪftɪ]
eenenvijftig	fifty-one	[ˈfɪftɪˌwʌn]
tweeënvijftig	fifty-two	[ˈfɪftɪˌtuː]
drieënvijftig	fifty-three	[ˈfɪftɪˌθriː]
zestig	sixty	[ˈsɪkstɪ]
eenenzestig	sixty-one	[ˈsɪkstɪˌwʌn]
tweeënzestig	sixty-two	[ˈsɪkstɪˌtuː]
drieënzestig	sixty-three	[ˈsɪkstɪˌθriː]
zeventig	seventy	[ˈsevəntɪ]
eenenzeventig	seventy-one	[ˈsevəntɪˌwʌn]
tweeënzeventig	seventy-two	[ˈsevəntɪˌtuː]
drieënzeventig	seventy-three	[ˈsevəntɪˌθriː]
tachtig	eighty	[ˈeɪtɪ]
eenentachtig	eighty-one	[ˈeɪtɪˌwʌn]
tweeëntachtig	eighty-two	[ˈeɪtɪˌtuː]
drieëntachtig	eighty-three	[ˈeɪtɪˌθriː]
negentig	ninety	[ˈnaɪntɪ]
eenennegentig	ninety-one	[ˈnaɪntɪˌwʌn]
tweeënnegentig	ninety-two	[ˈnaɪntɪˌtuː]
drieënnegentig	ninety-three	[ˈnaɪntɪˌθriː]

5. Kardinale getallen. Deel 2

honderd	one hundred	[ˌwʌn ˈhʌndrəd]
tweehonderd	two hundred	[tu ˈhʌndrəd]
driehonderd	three hundred	[θriː ˈhʌndrəd]
vierhonderd	four hundred	[ˌfɔː ˈhʌndrəd]
vijfhonderd	five hundred	[ˌfaɪv ˈhʌndrəd]
zeshonderd	six hundred	[sɪks ˈhʌndrəd]
zevenhonderd	seven hundred	[ˈsevən ˈhʌndrəd]
achthonderd	eight hundred	[eɪt ˈhʌndrəd]
negenhonderd	nine hundred	[ˌnaɪn ˈhʌndrəd]
duizend	one thousand	[ˌwʌn ˈθaʊzənd]
tweeduizend	two thousand	[tu ˈθaʊzənd]
drieduizend	three thousand	[θriː ˈθaʊzənd]
tienduizend	ten thousand	[ten ˈθaʊzənd]
honderdduizend	one hundred thousand	[ˌwʌn ˈhʌndrəd ˈθaʊzənd]
miljoen (het)	million	[ˈmɪljən]
miljard (het)	billion	[ˈbɪljən]

6. Ordinale getallen

eerste (bn)	first	[fɜːst]
tweede (bn)	second	[ˈsekənd]
derde (bn)	third	[θɜːd]
vierde (bn)	fourth	[fɔːθ]
vijfde (bn)	fifth	[fɪfθ]
zesde (bn)	sixth	[sɪksθ]
zevende (bn)	seventh	[ˈsevənθ]
achtste (bn)	eighth	[eɪtθ]
negende (bn)	ninth	[naɪnθ]
tiende (bn)	tenth	[tenθ]

7. Getallen. Breuken

breukgetal (het)	fraction	[ˈfrækʃən]
half	one half	[ˌwʌn ˈhɑːf]
een derde	one third	[wʌn θɜːd]
kwart	one quarter	[wʌn ˈkwɔːtə(r)]
een achtste	one eighth	[wʌn ˈeɪtθ]
een tiende	one tenth	[wʌn tenθ]
twee derde	two thirds	[tu θɜːdz]
driekwart	three quarters	[θriː ˈkwɔːtəz]

8. Getallen. Eenvoudige berekeningen

aftrekking (de)	subtraction	[səbˈtrækʃən]
aftrekken (ww)	to subtract (vi, vt)	[tə səbˈtrækt]
deling (de)	division	[dɪˈvɪʒən]
delen (ww)	to divide (vt)	[tə dɪˈvaɪd]
optelling (de)	addition	[əˈdɪʃən]
erbij optellen (bij elkaar voegen)	to add up (vt)	[tə æd ˈʌp]
optellen (ww)	to add (vi, vt)	[tə æd]
vermenigvuldiging (de)	multiplication	[ˌmʌltɪplɪˈkeɪʃən]
vermenigvuldigen (ww)	to multiply (vt)	[tə ˈmʌltɪplaɪ]

9. Getallen. Diversen

cijfer (het)	figure	[ˈfɪgjə]
nummer (het)	number	[ˈnʌmbə(r)]
telwoord (het)	numeral	[ˈnjuːmərəl]
minteken (het)	minus sign	[ˈmaɪnəs saɪn]
plusteken (het)	plus sign	[plʌs saɪn]
formule (de)	formula	[ˈfɔːmjʊlə]
berekening (de)	calculation	[ˌkælkjʊˈleɪʃən]

| tellen (ww) | to count (vi, vt) | [tə kaʊnt] |
| vergelijken (ww) | to compare (vt) | [tə kəm'peə(r)] |

Hoeveel? (ontelb.)	How much?	[ˌhaʊ 'mʌtʃ]
Hoeveel? (telb.)	How many?	[ˌhaʊ 'menɪ]
som (de), totaal (het)	sum, total	[sʌm], ['təʊtəl]
uitkomst (de)	result	[rɪ'zʌlt]
rest (de)	remainder	[rɪ'meɪndə(r)]

enkele (bijv. ~ minuten)	a few ...	[ə fju:]
weinig (bw)	little	['lɪtəl]
restant (het)	the rest	[ðə rest]
anderhalf	one and a half	['wʌn ənd ə ˌhɑ:f]
dozijn (het)	dozen	['dʌzən]

middendoor (bw)	in half	[ɪn 'hɑ:f]
even (bw)	equally	['i:kwəlɪ]
helft (de)	half	[hɑ:f]
keer (de)	time	[taɪm]

10. De belangrijkste werkwoorden. Deel 1

aanbevelen (ww)	to recommend (vt)	[tə ˌrekə'mend]
aandringen (ww)	to insist (vi, vt)	[tə ɪn'sɪst]
aankomen (per auto, enz.)	to arrive (vi)	[tə ə'raɪv]
aanraken (ww)	to touch (vt)	[tə tʌtʃ]
adviseren (ww)	to advise (vt)	[tə əd'vaɪz]

afdalen (on.ww.)	to come down	[tə kʌm daʊn]
afslaan (naar rechts ~)	to turn (vi)	[tə tɜ:n]
antwoorden (ww)	to answer (vi, vt)	[tə 'ɑ:nsə(r)]
bang zijn (ww)	to be afraid	[tə bi ə'freɪd]
bedreigen (bijv. met een pistool)	to threaten (vt)	[tə 'θretən]

bedriegen (ww)	to deceive (vi, vt)	[tə dɪ'si:v]
beëindigen (ww)	to finish (vt)	[tə 'fɪnɪʃ]
beginnen (ww)	to begin (vt)	[tə bɪ'gɪn]
begrijpen (ww)	to understand (vt)	[təˌʌndə'stænd]
beheren (managen)	to run, to manage	[tə rʌn], [tə 'mænɪdʒ]

beledigen (met scheldwoorden)	to insult (vt)	[tə ɪn'sʌlt]
beloven (ww)	to promise (vt)	[tə 'prɒmɪs]
bereiden (koken)	to cook (vt)	[tə kʊk]
bespreken (spreken over)	to discuss (vt)	[tə dɪs'kʌs]

bestellen (eten ~)	to order (vt)	[tə 'ɔ:də(r)]
bestraffen (een stout kind ~)	to punish (vt)	[tə 'pʌnɪʃ]
betalen (ww)	to pay (vi, vt)	[tə peɪ]
betekenen (beduiden)	to mean (vt)	[tə mi:n]
betreuren (ww)	to regret (vi)	[tə rɪ'gret]
bevallen (prettig vinden)	to like (vt)	[tə laɪk]
bevelen (mil.)	to order (vi, vt)	[tə 'ɔ:də(r)]

bevrijden (stad, enz.)	to liberate (vt)	[tə 'lɪbəreɪt]
bewaren (ww)	to keep (vt)	[tə kiːp]
bezitten (ww)	to own (vt)	[tə əʊn]
bidden (praten met God)	to pray (vi, vt)	[tə preɪ]
binnengaan (een kamer ~)	to enter (vt)	[tə 'entə(r)]
breken (ww)	to break (vt)	[tə breɪk]
controleren (ww)	to control (vt)	[tə kən'trəʊl]
creëren (ww)	to create (vt)	[tə kriː'eɪt]
deelnemen (ww)	to participate (vi)	[tə pɑː'tɪsɪpeɪt]
denken (ww)	to think (vi, vt)	[tə θɪŋk]
doden (ww)	to kill (vt)	[tə kɪl]
doen (ww)	to do (vt)	[tə duː]
dorst hebben (ww)	to be thirsty	[tə bi 'θɜːstɪ]

11. De belangrijkste werkwoorden. Deel 2

een hint geven	to give a hint	[tə gɪv ə hɪnt]
eisen (met klem vragen)	to demand (vt)	[tə dɪ'mɑːnd]
excuseren (vergeven)	to excuse (vt)	[tə ɪk'skjuːz]
existeren (bestaan)	to exist (vi)	[tə ɪg'zɪst]
gaan (te voet)	to go (vi)	[tə gəʊ]
gaan zitten (ww)	to sit down (vi)	[tə sɪt daʊn]
gaan zwemmen	to go for a swim	[tə gəʊ fərə swɪm]
geven (ww)	to give (vt)	[tə gɪv]
glimlachen (ww)	to smile (vi)	[tə smaɪl]
goed raden (ww)	to guess (vt)	[tə ges]
grappen maken (ww)	to joke (vi)	[tə dʒəʊk]
graven (ww)	to dig (vt)	[tə dɪg]
hebben (ww)	to have (vt)	[tə hæv]
helpen (ww)	to help (vt)	[tə help]
herhalen (opnieuw zeggen)	to repeat (vt)	[tə rɪ'piːt]
honger hebben (ww)	to be hungry	[tə bi 'hʌŋgrɪ]
hopen (ww)	to hope (vi, vt)	[tə həʊp]
horen (waarnemen met het oor)	to hear (vt)	[tə hɪə(r)]
huilen (wenen)	to cry (vi)	[tə kraɪ]
huren (huis, kamer)	to rent (vt)	[tə rent]
informeren (informatie geven)	to inform (vt)	[tə ɪn'fɔːm]
instemmen (akkoord gaan)	to agree (vi)	[tə ə'griː]
jagen (ww)	to hunt (vi, vt)	[tə hʌnt]
kennen (kennis hebben van iemand)	to know (vt)	[tə nəʊ]
kiezen (ww)	to choose (vt)	[tə tʃuːz]
klagen (ww)	to complain (vi, vt)	[tə kəm'pleɪn]
kosten (ww)	to cost (vt)	[tə kɒst]
kunnen (ww)	can (v aux)	[kæn]

lachen (ww)	to laugh (vt)	[tə lɑːf]
laten vallen (ww)	to drop (vt)	[tə drɒp]
lezen (ww)	to read (vi, vt)	[tə riːd]
liefhebben (ww)	to love (vt)	[tə lʌv]
lunchen (ww)	to have lunch	[tə hæv lʌntʃ]
nemen (ww)	to take (vt)	[tə teɪk]
nodig zijn (ww)	to be needed	[tə bi ˈniːdɪd]

12. De belangrijkste werkwoorden. Deel 3

onderschatten (ww)	to underestimate (vt)	[tə ˌʌndəˈrestɪmeɪt]
ondertekenen (ww)	to sign (vt)	[tə saɪn]
ontbijten (ww)	to have breakfast	[tə hæv ˈbrekfəst]
openen (ww)	to open (vt)	[tə ˈəʊpən]
ophouden (ww)	to stop (vt)	[tə stɒp]
opmerken (zien)	to notice (vt)	[tə ˈnəʊtɪs]
opscheppen (ww)	to boast (vi)	[tə bəʊst]
opschrijven (ww)	to write down	[tə ˌraɪt ˈdaʊn]
plannen (ww)	to plan (vt)	[tə plæn]
prefereren (verkiezen)	to prefer (vt)	[tə prɪˈfɜː(r)]
proberen (trachten)	to try (vt)	[tə traɪ]
redden (ww)	to save, to rescue	[tə seɪv], [tə ˈreskjuː]
rekenen op ...	to count on ...	[tə kaʊnt ɒn]
rennen (ww)	to run (vi)	[tə rʌn]
reserveren (een hotelkamer ~)	to reserve, to book	[tə rɪˈzɜːv], [tə bʊk]
roepen (om hulp)	to call (vt)	[tə kɔːl]
schieten (ww)	to shoot (vi)	[tə ʃuːt]
schreeuwen (ww)	to shout (vi)	[tə ʃaʊt]
schrijven (ww)	to write (vt)	[tə raɪt]
souperen (ww)	to have dinner	[tə hæv ˈdɪnə(r)]
spelen (kinderen)	to play (vi)	[tə pleɪ]
spreken (ww)	to speak (vi, vt)	[tə spiːk]
stelen (ww)	to steal (vt)	[tə stiːl]
stoppen (pauzeren)	to stop (vi)	[tə stɒp]
studeren (Nederlands ~)	to study (vt)	[tə ˈstʌdɪ]
sturen (zenden)	to send (vt)	[tə send]
tellen (optellen)	to count (vt)	[tə kaʊnt]
toebehoren ...	to belong to ...	[tə bɪˈlɒŋ tuː]
toestaan (ww)	to permit (vt)	[tə pəˈmɪt]
tonen (ww)	to show (vt)	[tə ʃəʊ]
twijfelen (onzeker zijn)	to doubt (vi)	[tə daʊt]
uitgaan (ww)	to go out	[tə gəʊ aʊt]
uitnodigen (ww)	to invite (vt)	[tə ɪnˈvaɪt]
uitspreken (ww)	to pronounce (vt)	[tə prəˈnaʊns]
uitvaren tegen (ww)	to scold (vt)	[tə skəʊld]

13. De belangrijkste werkwoorden. Deel 4

vallen (ww)	to fall (vi)	[tə fɔːl]
vangen (ww)	to catch (vt)	[tə kætʃ]
veranderen (anders maken)	to change (vt)	[tə tʃeɪndʒ]
verbaasd zijn (ww)	to be surprised	[tə bi sə'praɪzd]
verbergen (ww)	to hide (vt)	[tə haɪd]

verdedigen (je land ~)	to defend (vt)	[tə dɪ'fend]
verenigen (ww)	to unite (vt)	[tə juː'naɪt]
vergelijken (ww)	to compare (vt)	[tə kəm'peə(r)]
vergeten (ww)	to forget (vi, vt)	[tə fə'get]
vergeven (ww)	to forgive (vt)	[tə fə'gɪv]

verklaren (uitleggen)	to explain (vt)	[tə ɪk'spleɪn]
verkopen (per stuk ~)	to sell (vt)	[tə sel]
vermelden (praten over)	to mention (vt)	[tə 'menʃən]
versieren (decoreren)	to decorate (vt)	[tə 'dekəreɪt]
vertalen (ww)	to translate (vt)	[tə træns'leɪt]

vertrouwen (ww)	to trust (vt)	[tə trʌst]
vervolgen (ww)	to continue (vt)	[tə kən'tɪnjuː]
verwarren (met elkaar ~)	to confuse, to mix up (vt)	[tə kən'fjuːz], [tə mɪks ʌp]
verzoeken (ww)	to ask (vt)	[tə ɑːsk]
verzuimen (school, enz.)	to miss (vt)	[tə mɪs]

vinden (ww)	to find (vt)	[tə faɪnd]
vliegen (ww)	to fly (vi)	[tə flaɪ]
volgen (ww)	to follow ...	[tə 'fɒləʊ]
voorstellen (ww)	to propose (vt)	[tə prə'pəʊz]
voorzien (verwachten)	to expect (vt)	[tə ɪk'spekt]
vragen (ww)	to ask (vt)	[tə ɑːsk]

waarnemen (ww)	to observe (vt)	[tə əb'zɜːv]
waarschuwen (ww)	to warn (vt)	[tə wɔːn]
wachten (ww)	to wait (vt)	[tə weɪt]

weerspreken (ww)	to object (vi, vt)	[tə əb'dʒekt]
weigeren (ww)	to refuse (vi, vt)	[tə rɪ'fjuːz]

werken (ww)	to work (vi)	[tə wɜːk]
weten (ww)	to know (vt)	[tə nəʊ]
willen (verlangen)	to want (vt)	[tə wɒnt]

zeggen (ww)	to say (vt)	[tə seɪ]
zich haasten (ww)	to hurry (vi)	[tə 'hʌrɪ]

zich interesseren voor ...	to be interested in ...	[tə bi 'ɪntrestɪd ɪn]
zich vergissen (ww)	to make a mistake	[tə meɪk ə mɪ'steɪk]
zien (ww)	to see (vt)	[tə siː]

zijn (ww)	to be (vi)	[tə biː]
zoeken (ww)	to look for ...	[tə lʊk fɔː(r)]
zwemmen (ww)	to swim (vi)	[tə swɪm]
zwijgen (ww)	to keep silent	[tə kiːp 'saɪlənt]

14. Kleuren

kleur (de)	color	[ˈkʌlə(r)]
tint (de)	shade	[ʃeɪd]
kleurnuance (de)	hue	[hjuː]
regenboog (de)	rainbow	[ˈreɪnbəʊ]
wit (bn)	white	[waɪt]
zwart (bn)	black	[blæk]
grijs (bn)	gray	[greɪ]
groen (bn)	green	[griːn]
geel (bn)	yellow	[ˈjeləʊ]
rood (bn)	red	[red]
blauw (bn)	blue	[bluː]
lichtblauw (bn)	light blue	[ˌlaɪt ˈbluː]
roze (bn)	pink	[pɪŋk]
oranje (bn)	orange	[ˈɒrɪndʒ]
violet (bn)	violet	[ˈvaɪələt]
bruin (bn)	brown	[braʊn]
goud (bn)	golden	[ˈɡəʊldən]
zilverkleurig (bn)	silvery	[ˈsɪlvərɪ]
beige (bn)	beige	[beɪʒ]
roomkleurig (bn)	cream	[kriːm]
turkoois (bn)	turquoise	[ˈtɜːkwɔɪz]
kersrood (bn)	cherry red	[ˈtʃerɪ red]
lila (bn)	lilac	[ˈlaɪlək]
karmijnrood (bn)	crimson	[ˈkrɪmzən]
licht (bn)	light	[laɪt]
donker (bn)	dark	[dɑːk]
fel (bn)	bright	[braɪt]
kleur-, kleurig (bn)	colored	[ˈkʌləd]
kleuren- (abn)	color	[ˈkʌlə(r)]
zwart-wit (bn)	black-and-white	[blæk ən waɪt]
eenkleurig (bn)	plain	[pleɪn]
veelkleurig (bn)	multicolored	[ˈmʌltɪˌkʌləd]

15. Vragen

Wie?	Who?	[huː]
Wat?	What?	[wɒt]
Waar?	Where?	[weə]
Waarheen?	Where?	[weə]
Waar … vandaan?	From where?	[frəm weə(r)]
Wanneer?	When?	[wen]
Waarom?	Why?	[waɪ]
Waarvoor dan ook?	What for?	[wɒt fɔː(r)]
Hoe?	How?	[haʊ]

Welk?	Which?	[wɪtʃ]
Aan wie?	To whom?	[tə huːm]
Over wie?	About whom?	[əˈbaʊt ˌhuːm]
Waarover?	About what?	[əˈbaʊt ˌwɒt]
Met wie?	With whom?	[wɪð ˈhuːm]
Hoeveel? (telb.)	How many?	[ˌhaʊ ˈmenɪ]
Hoeveel? (ontelb.)	How much?	[ˌhaʊ ˈmʌtʃ]
Van wie?	Whose?	[huːz]

16. Voorzetsels

met (bijv. ~ beleg)	with	[wɪð]
zonder (~ accent)	without	[wɪˈðaʊt]
naar (in de richting van)	to	[tuː]
over (praten ~)	about	[əˈbaʊt]
voor (in tijd)	before	[bɪˈfɔː(r)]
voor (aan de voorkant)	in front of ...	[ɪn ˈfrʌnt əv]
onder (lager dan)	under	[ˈʌndə(r)]
boven (hoger dan)	above	[əˈbʌv]
op (bovenop)	on	[ɒn]
van (uit, afkomstig van)	from	[frɒm]
van (gemaakt van)	of	[əv]
over (bijv. ~ een uur)	in	[ɪn]
over (over de bovenkant)	over	[ˈəʊvə(r)]

17. Functiewoorden. Bijwoorden. Deel 1

Waar?	Where?	[weə]
hier (bw)	here	[hɪə(r)]
daar (bw)	there	[ðeə(r)]
ergens (bw)	somewhere	[ˈsʌmweə(r)]
nergens (bw)	nowhere	[ˈnəʊweə(r)]
bij ... (in de buurt)	by	[baɪ]
bij het raam	by the window	[baɪ ðə ˈwɪndəʊ]
Waarheen?	Where?	[weə]
hierheen (bw)	here	[hɪə(r)]
daarheen (bw)	there	[ðeə(r)]
hiervandaan (bw)	from here	[frɒm hɪə(r)]
daarvandaan (bw)	from there	[frɒm ðeə(r)]
dichtbij (bw)	close	[kləʊs]
ver (bw)	far	[fɑː(r)]
niet ver (bw)	not far	[nɒt fɑː(r)]
linker (bn)	left	[left]
links (bw)	on the left	[ɒn ðə left]

Dutch	English	Pronunciation
linksaf, naar links (bw)	to the left	[tə ðə left]
rechter (bn)	right	[raɪt]
rechts (bw)	on the right	[ɒn ðə raɪt]
rechtsaf, naar rechts (bw)	to the right	[tə ðə raɪt]
vooraan (bw)	in front	[ɪn frʌnt]
voorste (bn)	front	[frʌnt]
vooruit (bw)	ahead	[ə'hed]
achter (bw)	behind	[bɪ'haɪnd]
van achteren (bw)	from behind	[frɒm bɪ'haɪnd]
achteruit (naar achteren)	back	[bæk]
midden (het)	middle	['mɪdəl]
in het midden (bw)	in the middle	[ɪn ðə 'mɪdəl]
opzij (bw)	at the side	[ət ðə saɪd]
overal (bw)	everywhere	['evrɪweə(r)]
omheen (bw)	around	[ə'raʊnd]
binnenuit (bw)	from inside	[frɒm ɪn'saɪd]
naar ergens (bw)	somewhere	['sʌmweə(r)]
rechtdoor (bw)	straight	[streɪt]
terug (bijv. ~ komen)	back	[bæk]
ergens vandaan (bw)	from anywhere	[frɒm 'enɪweə(r)]
ergens vandaan (en dit geld moet ~ komen)	from somewhere	[frɒm 'sʌmweə(r)]
ten eerste (bw)	firstly	['fɜ:stlɪ]
ten tweede (bw)	secondly	['sekəndlɪ]
ten derde (bw)	thirdly	['θɜ:dlɪ]
plotseling (bw)	suddenly	['sʌdənlɪ]
in het begin (bw)	at first	[ət fɜ:st]
voor de eerste keer (bw)	for the first time	[fɔ: ðə 'fɜ:st ˌtaɪm]
lang voor ... (bw)	long before ...	[lɒŋ bɪ'fɔ:(r)]
voor eeuwig (bw)	for good	[fɔ: 'gʊd]
nooit (bw)	never	['nevə(r)]
weer (bw)	again	[ə'gen]
nu (bw)	now	[naʊ]
vaak (bw)	often	['ɒfən]
toen (bw)	then	[ðen]
urgent (bw)	urgently	['ɜ:dʒəntlɪ]
meestal (bw)	usually	['ju:ʒəlɪ]
trouwens, ... (tussen haakjes)	by the way, ...	[baɪ ðə weɪ]
mogelijk (bw)	possible	['pɒsəbəl]
waarschijnlijk (bw)	probably	['prɒbəblɪ]
misschien (bw)	maybe	['meɪbi:]
trouwens (bw)	besides ...	[bɪ'saɪdz]
daarom ...	that's why ...	[ðæts waɪ]
in weerwil van ...	in spite of ...	[ɪn 'spaɪt əv]
dankzij ...	thanks to ...	['θæŋks tu:]

wat (vn)	what	[wɒt]
dat (vw)	that	[ðæt]
iets (vn)	something	[ˈsʌmθɪŋ]
iets	anything, something	[ˈenɪθɪŋ], [ˈsʌmθɪŋ]
niets (vn)	nothing	[ˈnʌθɪŋ]

wie (~ is daar?)	who	[huː]
iemand (een onbekende)	someone	[ˈsʌmwʌn]
iemand	somebody	[ˈsʌmbədɪ]
(een bepaald persoon)		

niemand (vn)	nobody	[ˈnəʊbədɪ]
nergens (bw)	nowhere	[ˈnəʊweə(r)]
niemands (bn)	nobody's	[ˈnəʊbədɪz]
iemands (bn)	somebody's	[ˈsʌmbədɪz]

zo (Ik ben ~ blij)	so	[səʊ]
ook (evenals)	also	[ˈɔːlsəʊ]
alsook (eveneens)	too	[tuː]

18. Functiewoorden. Bijwoorden. Deel 2

Waarom?	Why?	[waɪ]
om een bepaalde reden	for some reason	[fɔː ˈsʌm ˌriːzən]
omdat ...	because ...	[bɪˈkɒz]

en (vw)	and	[ænd]
of (vw)	or	[ɔː(r)]
maar (vw)	but	[bʌt]
voor (vz)	for	[fɔːr]

te (~ veel mensen)	too	[tuː]
alleen (bw)	only	[ˈəʊnlɪ]
precies (bw)	exactly	[ɪɡˈzæktlɪ]
ongeveer (~ 10 kg)	about	[əˈbaʊt]

omstreeks (bw)	approximately	[əˈprɒksɪmətlɪ]
bij benadering (bn)	approximate	[əˈprɒksɪmət]
bijna (bw)	almost	[ˈɔːlməʊst]
rest (de)	the rest	[ðə rest]

de andere (tweede)	the other	[ðə ˈʌðə(r)]
ander (bn)	other	[ˈʌðə(r)]
elk (bn)	each	[iːtʃ]
om het even welk	any	[ˈenɪ]
veel (telb.)	many	[ˈmenɪ]
veel (ontelb.)	much	[mʌtʃ]
veel mensen	many people	[ˌmenɪ ˈpiːpəl]
iedereen (alle personen)	all	[ɔːl]

in ruil voor ...	in return for ...	[ɪn rɪˈtɜːn fɔː]
in ruil (bw)	in exchange	[ɪn ɪksˈtʃeɪndʒ]
met de hand (bw)	by hand	[baɪ hænd]
onwaarschijnlijk (bw)	hardly	[ˈhɑːdlɪ]

waarschijnlijk (bw)	probably	['prɒbəblɪ]
met opzet (bw)	on purpose	[ɒn 'pɜːpəs]
toevallig (bw)	by accident	[baɪ 'æksɪdənt]

zeer (bw)	very	['verɪ]
bijvoorbeeld (bw)	for example	[fɔːr ɪg'zɑːmpəl]
tussen (~ twee steden)	between	[bɪ'twiːn]
tussen (te midden van)	among	[ə'mʌŋ]
zoveel (bw)	so much	[səʊ mʌtʃ]
vooral (bw)	especially	[ɪ'speʃəlɪ]

Basisbegrippen Deel 2

19. Dagen van de week

maandag (de)	Monday	['mʌndɪ]
dinsdag (de)	Tuesday	['tjuːzdɪ]
woensdag (de)	Wednesday	['wenzdɪ]
donderdag (de)	Thursday	['θɜːzdɪ]
vrijdag (de)	Friday	['fraɪdɪ]
zaterdag (de)	Saturday	['sætədɪ]
zondag (de)	Sunday	['sʌndɪ]
vandaag (bw)	today	[tə'deɪ]
morgen (bw)	tomorrow	[tə'mɒrəʊ]
overmorgen (bw)	the day after tomorrow	[ðə deɪ 'ɑːftə tə'mɒrəʊ]
gisteren (bw)	yesterday	['jestədɪ]
eergisteren (bw)	the day before yesterday	[ðə deɪ bɪ'fɔː 'jestədɪ]
dag (de)	day	[deɪ]
werkdag (de)	working day	['wɜːkɪŋ deɪ]
feestdag (de)	public holiday	['pʌblɪk 'hɒlɪdeɪ]
verlofdag (de)	day off	[deɪ'ɒf]
weekend (het)	weekend	[ˌwiːk'end]
de hele dag (bw)	all day long	[ɔːl 'deɪ ˌlɒŋ]
de volgende dag (bw)	the next day	[ðə nekst deɪ]
twee dagen geleden	two days ago	[tu deɪz ə'gəʊ]
aan de vooravond (bw)	the day before	[ðə deɪ bɪ'fɔː(r)]
dag-, dagelijks (bn)	daily	['deɪlɪ]
elke dag (bw)	every day	[ˌevrɪ 'deɪ]
week (de)	week	[wiːk]
vorige week (bw)	last week	[ˌlɑːst 'wiːk]
volgende week (bw)	next week	[ˌnekst 'wiːk]
wekelijks (bn)	weekly	['wiːklɪ]
elke week (bw)	every week	[ˌevrɪ 'wiːk]
twee keer per week	twice a week	[ˌtwaɪs ə 'wiːk]
elke dinsdag	every Tuesday	['evrɪ 'tjuːzdɪ]

20. Uren. Dag en nacht

morgen (de)	morning	['mɔːnɪŋ]
's morgens (bw)	in the morning	[ɪn ðə 'mɔːnɪŋ]
middag (de)	noon, midday	[nuːn], ['mɪddeɪ]
's middags (bw)	in the afternoon	[ɪn ðə ˌɑːftə'nuːn]
avond (de)	evening	['iːvnɪŋ]
's avonds (bw)	in the evening	[ɪn ðɪ 'iːvnɪŋ]

nacht (de)	night	[naɪt]
's nachts (bw)	at night	[ət naɪt]
middernacht (de)	midnight	[ˈmɪdnaɪt]
seconde (de)	second	[ˈsekənd]
minuut (de)	minute	[ˈmɪnɪt]
uur (het)	hour	[ˈaʋə(r)]
halfuur (het)	half an hour	[ˌhɑːf ən ˈaʋə(r)]
kwartier (het)	a quarter-hour	[ə ˈkwɔːtərˈaʋə(r)]
vijftien minuten	fifteen minutes	[fɪfˈtiːn ˈmɪnɪts]
etmaal (het)	twenty four hours	[ˈtwentɪ fɔːrˈaʋəz]
zonsopgang (de)	sunrise	[ˈsʌnraɪz]
dageraad (de)	dawn	[dɔːn]
vroege morgen (de)	early morning	[ˈɜːlɪ ˈmɔːnɪŋ]
zonsondergang (de)	sunset	[ˈsʌnset]
's morgens vroeg (bw)	early in the morning	[ˈɜːlɪ ɪn ðə ˈmɔːnɪŋ]
vanmorgen (bw)	this morning	[ðɪs ˈmɔːnɪŋ]
morgenochtend (bw)	tomorrow morning	[təˈmɒrəʊ ˈmɔːnɪŋ]
vanmiddag (bw)	this afternoon	[ðɪs ˌɑːftəˈnuːn]
's middags (bw)	in the afternoon	[ɪn ðə ˌɑːftəˈnuːn]
morgenmiddag (bw)	tomorrow afternoon	[təˈmɒrəʊ ˌɑːftəˈnuːn]
vanavond (bw)	tonight	[təˈnaɪt]
morgenavond (bw)	tomorrow night	[təˈmɒrəʊ naɪt]
klokslag drie uur	at 3 o'clock sharp	[ət θriː əˈklɒk ʃɑːp]
ongeveer vier uur	about 4 o'clock	[əˈbaʊt ˌfɔːrəˈklɒk]
tegen twaalf uur	by 12 o'clock	[baɪ twelv əˈklɒk]
over twintig minuten	in 20 minutes	[ɪn ˈtwentɪ ˌmɪnɪts]
over een uur	in an hour	[ɪn ən ˈaʋə(r)]
op tijd (bw)	on time	[ɒn ˈtaɪm]
kwart voor ...	a quarter of ...	[ə ˈkwɔːtə ɒf]
binnen een uur	within an hour	[wɪˈðɪn æn ˈaʋə(r)]
elk kwartier	every 15 minutes	[ˈevrɪ fɪfˈtiːn ˈmɪnɪts]
de klok rond	round the clock	[ˈraʊnd ðə ˌklɒk]

21. Maanden. Seizoenen

januari (de)	January	[ˈdʒænjʊərɪ]
februari (de)	February	[ˈfebrʊərɪ]
maart (de)	March	[mɑːtʃ]
april (de)	April	[ˈeɪprəl]
mei (de)	May	[meɪ]
juni (de)	June	[dʒuːn]
juli (de)	July	[dʒuːˈlaɪ]
augustus (de)	August	[ˈɔːɡəst]
september (de)	September	[sepˈtembə(r)]
oktober (de)	October	[ɒkˈtəʊbə(r)]

november (de)	November	[nəʊ'vembə(r)]
december (de)	December	[dɪ'sembə(r)]
lente (de)	spring	[sprɪŋ]
in de lente (bw)	in (the) spring	[ɪn (ðə) sprɪŋ]
lente- (abn)	spring	[sprɪŋ]
zomer (de)	summer	['sʌmə(r)]
in de zomer (bw)	in (the) summer	[ɪn (ðə) 'sʌmə(r)]
zomer-, zomers (bn)	summer	['sʌmə(r)]
herfst (de)	fall	[fɔːl]
in de herfst (bw)	in (the) fall	[ɪn (ðə) fɔːl]
herfst- (abn)	fall	[fɔːl]
winter (de)	winter	['wɪntə(r)]
in de winter (bw)	in (the) winter	[ɪn (ðə) 'wɪntə(r)]
winter- (abn)	winter	['wɪntə(r)]
maand (de)	month	[mʌnθ]
deze maand (bw)	this month	[ðɪs mʌnθ]
volgende maand (bw)	next month	[ˌnekst 'mʌnθ]
vorige maand (bw)	last month	[ˌlɑːst 'mʌnθ]
een maand geleden (bw)	a month ago	[əˌmʌnθ ə'ɡəʊ]
over een maand (bw)	in a month	[ɪn ə 'mʌnθ]
over twee maanden (bw)	in two months	[ɪn ˌtuː 'mʌnθs]
de hele maand (bw)	the whole month	[ðə ˌhəʊl 'mʌnθ]
een volle maand (bw)	all month long	[ɔːl 'mʌnθ ˌlɒŋ]
maand-, maandelijks (bn)	monthly	['mʌnθlɪ]
maandelijks (bw)	monthly	['mʌnθlɪ]
elke maand (bw)	every month	[ˌevrɪ 'mʌnθ]
twee keer per maand	twice a month	[ˌtwaɪs ə 'mʌnθ]
jaar (het)	year	[jɪə(r)]
dit jaar (bw)	this year	[ðɪs jɪə(r)]
volgend jaar (bw)	next year	[ˌnekst 'jɪə(r)]
vorig jaar (bw)	last year	[ˌlɑːst 'jɪə(r)]
een jaar geleden (bw)	a year ago	[ə ˌjɪərə'ɡəʊ]
over een jaar	in a year	[ɪn ə 'jɪə(r)]
over twee jaar	in two years	[ɪn ˌtuː 'jɪəz]
het hele jaar	the whole year	[ðə ˌhəʊl 'jɪə(r)]
een vol jaar	all year long	[ɔːl 'jɪə ˌlɒŋ]
elk jaar	every year	[ˌevrɪ 'jɪə(r)]
jaar-, jaarlijks (bn)	annual	['ænjʊəl]
jaarlijks (bw)	annually	['ænjʊəlɪ]
4 keer per jaar	4 times a year	[fɔː taɪmz əˌjɪər]
datum (de)	date	[deɪt]
datum (de)	date	[deɪt]
kalender (de)	calendar	['kælɪndə(r)]
een half jaar	half a year	[ˌhɑːf ə 'jɪə(r)]
zes maanden	six months	[sɪks mʌnθs]
seizoen (bijv. lente, zomer)	season	['siːzən]

22. Meeteenheden

gewicht (het)	weight	[weɪt]
lengte (de)	length	[leŋθ]
breedte (de)	width	[wɪdθ]
hoogte (de)	height	[haɪt]
diepte (de)	depth	[depθ]
volume (het)	volume	['vɒljuːm]
oppervlakte (de)	area	['eərɪə]
gram (het)	gram	[græm]
milligram (het)	milligram	['mɪlɪgræm]
kilogram (het)	kilogram	['kɪləˌgræm]
ton (duizend kilo)	ton	[tʌn]
pond (het)	pound	[paʊnd]
ons (het)	ounce	[aʊns]
meter (de)	meter	['miːtə(r)]
millimeter (de)	millimeter	['mɪlɪˌmiːtə(r)]
centimeter (de)	centimeter	['sentɪˌmiːtə(r)]
kilometer (de)	kilometer	['kɪləˌmiːtə(r)]
mijl (de)	mile	[maɪl]
duim (de)	inch	[ɪntʃ]
voet (de)	foot	[fʊt]
yard (de)	yard	[jɑːd]
vierkante meter (de)	square meter	[skweə 'miːtə(r)]
hectare (de)	hectare	['hekteə(r)]
liter (de)	liter	['liːtə(r)]
graad (de)	degree	[dɪ'griː]
volt (de)	volt	[vəʊlt]
ampère (de)	ampere	['æmpeə(r)]
paardenkracht (de)	horsepower	['hɔːsˌpaʊə(r)]
hoeveelheid (de)	quantity	['kwɒntɪtɪ]
een beetje ...	a little bit of ...	[ə 'lɪtəl bɪt əv]
helft (de)	half	[hɑːf]
dozijn (het)	dozen	['dʌzən]
stuk (het)	piece	[piːs]
afmeting (de)	size	[saɪz]
schaal (bijv. ~ van 1 op 50)	scale	[skeɪl]
minimaal (bn)	minimal	['mɪnɪməl]
minste (bn)	the smallest	[ðə 'smɔːləst]
medium (bn)	medium	['miːdɪəm]
maximaal (bn)	maximal	['mæksɪməl]
grootste (bn)	the largest	[ðə 'lɑːdʒɪst]

23. Containers

glazen pot (de)	jar	[dʒɑː(r)]
blik (conserven~)	can	[kæn]

emmer (de)	bucket	['bʌkɪt]
ton (bijv. regenton)	barrel	['bærəl]

ronde waterbak (de)	basin	['beɪsən]
tank (bijv. watertank-70-ltr)	tank	[tæŋk]
heupfles (de)	hip flask	[hɪp flɑːsk]
jerrycan (de)	jerrycan	['dʒerɪkæn]
tank (bijv. ketelwagen)	cistern	['sɪstən]

beker (de)	mug	[mʌg]
kopje (het)	cup	[kʌp]
schoteltje (het)	saucer	['sɔːsə(r)]
glas (het)	glass	[glɑːs]
wijnglas (het)	glass	[glɑːs]
steelpan (de)	saucepan	['sɔːspən]

fles (de)	bottle	['bɒtəl]
flessenhals (de)	neck	[nek]

karaf (de)	carafe	[kə'ræf]
kruik (de)	pitcher	['pɪtʃə(r)]
vat (het)	vessel	['vesəl]
pot (de)	pot	[pɒt]
vaas (de)	vase	[veɪz]

flacon (de)	bottle	['bɒtəl]
flesje (het)	vial, small bottle	['vaɪəl], [smɔːl 'bɒtəl]
tube (bijv. ~ tandpasta)	tube	[tjuːb]

zak (bijv. ~ aardappelen)	sack	[sæk]
tasje (het)	bag	[bæg]
pakje (~ sigaretten, enz.)	pack	[pæk]

doos (de)	box	[bɒks]
kist (de)	box	[bɒks]
mand (de)	basket	['bɑːskɪt]

MENS

Mens. Het lichaam

24. Hoofd

hoofd (het)	head	[hed]
gezicht (het)	face	[feɪs]
neus (de)	nose	[nəʊz]
mond (de)	mouth	[maʊθ]

oog (het)	eye	[aɪ]
ogen (mv.)	eyes	[aɪz]
pupil (de)	pupil	[ˈpjuːpəl]
wenkbrauw (de)	eyebrow	[ˈaɪbraʊ]
wimper (de)	eyelash	[ˈaɪlæʃ]
ooglid (het)	eyelid	[ˈaɪlɪd]

tong (de)	tongue	[tʌŋ]
tand (de)	tooth	[tuːθ]
lippen (mv.)	lips	[lɪps]
jukbeenderen (mv.)	cheekbones	[ˈtʃiːkbəʊnz]
tandvlees (het)	gum	[gʌm]
gehemelte (het)	palate	[ˈpælət]

neusgaten (mv.)	nostrils	[ˈnɒstrɪlz]
kin (de)	chin	[tʃɪn]
kaak (de)	jaw	[dʒɔː]
wang (de)	cheek	[tʃiːk]

voorhoofd (het)	forehead	[ˈfɔːhed]
slaap (de)	temple	[ˈtempəl]
oor (het)	ear	[ɪə(r)]
achterhoofd (het)	back of the head	[ˈbæk əv ðə ˌhed]
hals (de)	neck	[nek]
keel (de)	throat	[θrəʊt]

haren (mv.)	hair	[heə(r)]
kapsel (het)	hairstyle	[ˈheəstaɪl]
haarsnit (de)	haircut	[ˈheəkʌt]
pruik (de)	wig	[wɪg]

snor (de)	mustache	[ˈmʌstæʃ]
baard (de)	beard	[bɪəd]
dragen (een baard, enz.)	to have (vt)	[tə hæv]
vlecht (de)	braid	[breɪd]
bakkebaarden (mv.)	sideburns	[ˈsaɪdbɜːnz]
ros (roodachtig, rossig)	red-haired	[ˈred ˌheəd]
grijs (~ haar)	gray	[greɪ]

kaal (bn)	bald	[bɔːld]
kale plek (de)	bald patch	[bɔːld pætʃ]
paardenstaart (de)	ponytail	[ˈpəʊnɪteɪl]
pony (de)	bangs	[bæŋz]

25. Menselijk lichaam

hand (de)	hand	[hænd]
arm (de)	arm	[ɑːm]
vinger (de)	finger	[ˈfɪŋgə(r)]
duim (de)	thumb	[θʌm]
pink (de)	little finger	[ˌlɪtəl ˈfɪŋgə(r)]
nagel (de)	nail	[neɪl]
vuist (de)	fist	[fɪst]
handpalm (de)	palm	[pɑːm]
pols (de)	wrist	[rɪst]
voorarm (de)	forearm	[ˈfɔːrˌɑːm]
elleboog (de)	elbow	[ˈelbəʊ]
schouder (de)	shoulder	[ˈʃəʊldə(r)]
been (rechter ~)	leg	[leg]
voet (de)	foot	[fʊt]
knie (de)	knee	[niː]
kuit (de)	calf	[kɑːf]
heup (de)	hip	[hɪp]
hiel (de)	heel	[hiːl]
lichaam (het)	body	[ˈbɒdɪ]
buik (de)	stomach	[ˈstʌmək]
borst (de)	chest	[tʃest]
borst (de)	breast	[brest]
zijde (de)	flank	[flæŋk]
rug (de)	back	[bæk]
lage rug (de)	lower back	[ˈləʊə bæk]
taille (de)	waist	[weɪst]
navel (de)	navel	[ˈneɪvəl]
billen (mv.)	buttocks	[ˈbʌtəks]
achterwerk (het)	bottom	[ˈbɒtəm]
huidvlek (de)	beauty mark	[ˈbjuːtɪ mɑːk]
tatoeage (de)	tattoo	[təˈtuː]
litteken (het)	scar	[skɑː(r)]

Kleding en accessoires

26. Bovenkleding. Jassen

kleren (mv.), kleding (de)	clothes	[kləʊðz]
bovenkleding (de)	outer clothes	[ˈaʊtə kləʊðz]
winterkleding (de)	winter clothes	[ˈwɪntə kləʊðz]
jas (de)	overcoat	[ˈəʊvəkəʊt]
bontjas (de)	fur coat	[ˈfɜːˌkəʊt]
bontjasje (het)	fur jacket	[ˈfɜː ˈdʒækɪt]
donzen jas (de)	down coat	[ˈdaʊn ˌkəʊt]
jasje (bijv. een leren ~)	jacket	[ˈdʒækɪt]
regenjas (de)	raincoat	[ˈreɪnkəʊt]
waterdicht (bn)	waterproof	[ˈwɔːtəpruːf]

27. Heren & dames kleding

overhemd (het)	shirt	[ʃɜːt]
broek (de)	pants	[pænts]
jeans (de)	jeans	[dʒiːnz]
colbert (de)	jacket	[ˈdʒækɪt]
kostuum (het)	suit	[suːt]
jurk (de)	dress	[dres]
rok (de)	skirt	[skɜːt]
blouse (de)	blouse	[blaʊz]
wollen vest (de)	knitted jacket	[ˈnɪtɪd ˈdʒækɪt]
blazer (kort jasje)	jacket	[ˈdʒækɪt]
T-shirt (het)	T-shirt	[ˈtiːʃɜːt]
shorts (mv.)	shorts	[ʃɔːts]
trainingspak (het)	tracksuit	[ˈtræksuːt]
badjas (de)	bathrobe	[ˈbɑːθrəʊb]
pyjama (de)	pajamas	[pəˈdʒɑːməz]
sweater (de)	sweater	[ˈswetə(r)]
pullover (de)	pullover	[ˈpʊlˌəʊvə(r)]
gilet (het)	vest	[vest]
rokkostuum (het)	tailcoat	[ˌteɪlˈkəʊt]
smoking (de)	tuxedo	[tʌkˈsiːdəʊ]
uniform (het)	uniform	[ˈjuːnɪfɔːm]
werkkleding (de)	workwear	[wɜːkweə(r)]
overall (de)	overalls	[ˈəʊvərɔːlz]
doktersjas (de)	coat	[kəʊt]

28. Kleding. Ondergoed

ondergoed (het)	underwear	[ˈʌndəweə(r)]
onderhemd (het)	undershirt	[ˈʌndəʃɜːt]
sokken (mv.)	socks	[sɒks]

nachthemd (het)	nightgown	[ˈnaɪtgaʊn]
beha (de)	bra	[brɑː]
kniekousen (mv.)	knee highs	[ˈniːˌhaɪs]
panty (de)	pantyhose	[ˈpæntɪhəʊz]
nylonkousen (mv.)	stockings	[ˈstɒkɪŋz]
badpak (het)	bathing suit	[ˈbeɪðɪŋ suːt]

29. Hoofddeksels

hoed (de)	hat	[hæt]
deukhoed (de)	fedora	[fɪˈdɔːrə]
honkbalpet (de)	baseball cap	[ˈbeɪsbɔːl kæp]
kleppet (de)	flatcap	[flæt kæp]

baret (de)	beret	[ˈbereɪ]
kap (de)	hood	[hʊd]
panamahoed (de)	panama	[ˈpænəmɑː]
gebreide muts (de)	knitted hat	[ˈnɪtɪdˌhæt]

hoofddoek (de)	headscarf	[ˈhedskɑːf]
dameshoed (de)	women's hat	[ˈwɪmɪns hæt]

veiligheidshelm (de)	hard hat	[hɑːd hæt]
veldmuts (de)	garrison cap	[ˈgærɪsən kæp]
helm, valhelm (de)	helmet	[ˈhelmɪt]

bolhoed (de)	derby	[ˈdɜːbɪ]
hoge hoed (de)	top hat	[tɒp hæt]

30. Schoeisel

schoeisel (het)	footwear	[ˈfʊtweə(r)]
schoenen (mv.)	ankle boots	[ˈæŋkəl buːts]
vrouwenschoenen (mv.)	shoes	[ʃuːz]
laarzen (mv.)	boots	[buːts]
pantoffels (mv.)	slippers	[ˈslɪpəz]

sportschoenen (mv.)	tennis shoes	[ˈtenɪsʃuːz]
sneakers (mv.)	sneakers	[ˈsniːkəz]
sandalen (mv.)	sandals	[ˈsændəlz]

schoenlapper (de)	cobbler	[ˈkɒblə(r)]
hiel (de)	heel	[hiːl]
paar (een ~ schoenen)	pair	[peə(r)]
veter (de)	shoestring	[ˈʃuːstrɪŋ]

rijgen (schoenen ~)	to lace (vt)	[tə leɪs]
schoenlepel (de)	shoehorn	[ˈʃuːhɔːn]
schoensmeer (de/het)	shoe polish	[ʃuː ˈpɒlɪʃ]

31. Persoonlijke accessoires

handschoenen (mv.)	gloves	[glʌvz]
wanten (mv.)	mittens	[ˈmɪtənz]
sjaal (fleece ~)	scarf	[skɑːf]
bril (de)	glasses	[ˈglɑːsɪz]
brilmontuur (het)	frame	[freɪm]
paraplu (de)	umbrella	[ʌmˈbrelə]
wandelstok (de)	walking stick	[ˈwɔːkɪŋ stɪk]
haarborstel (de)	hairbrush	[ˈheəbrʌʃ]
waaier (de)	fan	[fæn]
das (de)	necktie	[ˈnektaɪ]
strikje (het)	bow tie	[bəʊ taɪ]
bretels (mv.)	suspenders	[səˈspendəz]
zakdoek (de)	handkerchief	[ˈhæŋkətʃɪf]
kam (de)	comb	[kəʊm]
haarspeldje (het)	barrette	[bəˈret]
schuifspeldje (het)	hairpin	[ˈheəpɪn]
gesp (de)	buckle	[ˈbʌkəl]
broekriem (de)	belt	[belt]
draagriem (de)	shoulder strap	[ˈʃəʊldə stræp]
handtas (de)	bag	[bæg]
damestas (de)	purse	[pɜːs]
rugzak (de)	backpack	[ˈbækpæk]

32. Kleding. Diversen

mode (de)	fashion	[ˈfæʃən]
de mode (bn)	in vogue	[ɪn vəʊg]
kledingstilist (de)	fashion designer	[ˈfæʃən dɪˈzaɪnə(r)]
kraag (de)	collar	[ˈkɒlə(r)]
zak (de)	pocket	[ˈpɒkɪt]
zak- (abn)	pocket	[ˈpɒkɪt]
mouw (de)	sleeve	[sliːv]
lusje (het)	hanging loop	[ˈhæŋɪŋ luːp]
gulp (de)	fly	[flaɪ]
rits (de)	zipper	[ˈzɪpə(r)]
sluiting (de)	fastener	[ˈfɑːsənə(r)]
knoop (de)	button	[ˈbʌtən]
knoopsgat (het)	buttonhole	[ˈbʌtənhəʊl]
losraken (bijv. knopen)	to come off	[tə kʌm ɒf]

naaien (kleren, enz.)	to sew (vi, vt)	[tə səʊ]
borduren (ww)	to embroider (vi, vt)	[tə ɪmˈbrɔɪdə(r)]
borduursel (het)	embroidery	[ɪmˈbrɔɪdərɪ]
naald (de)	sewing needle	[ˈsəʊɪŋ ˈniːdəl]
draad (de)	thread	[θred]
naad (de)	seam	[siːm]

vies worden (ww)	to get dirty (vi)	[tə get ˈdɜːtɪ]
vlek (de)	stain	[steɪn]
gekreukt raken (ov. kleren)	to crease, crumple (vi)	[tə kriːs], [ˈkrʌmpəl]
scheuren (ov.ww.)	to tear, to rip (vt)	[tə teər], [tə rɪp]
mot (de)	clothes moth	[kləʊðz mɒθ]

33. Persoonlijke verzorging. Schoonheidsmiddelen

tandpasta (de)	toothpaste	[ˈtuːθpeɪst]
tandenborstel (de)	toothbrush	[ˈtuːθbrʌʃ]
tanden poetsen (ww)	to brush one's teeth	[tə brʌʃ wʌns ˈtiːθ]

scheermes (het)	razor	[ˈreɪzə(r)]
scheerschuim (het)	shaving cream	[ˈʃeɪvɪŋ ˌkriːm]
zich scheren (ww)	to shave (vi)	[tə ʃeɪv]

| zeep (de) | soap | [səʊp] |
| shampoo (de) | shampoo | [ʃæmˈpuː] |

schaar (de)	scissors	[ˈsɪzəz]
nagelvijl (de)	nail file	[ˈneɪl ˌfaɪl]
nagelknipper (de)	nail clippers	[neɪl ˈklɪpərz]
pincet (het)	tweezers	[ˈtwiːzəz]

cosmetica (de)	cosmetics	[kɒzˈmetɪks]
masker (het)	face mask	[feɪs mɑːsk]
manicure (de)	manicure	[ˈmænɪˌkjʊə(r)]
manicure doen	to have a manicure	[tə hævə ˈmænɪˌkjʊə]
pedicure (de)	pedicure	[ˈpedɪˌkjʊə(r)]

cosmetica tasje (het)	make-up bag	[ˈmeɪk ʌp ˌbæg]
poeder (de/het)	face powder	[feɪs ˈpaʊdə(r)]
poederdoos (de)	powder compact	[ˈpaʊdə ˈkɒmpækt]
rouge (de)	blusher	[ˈblʌʃə(r)]

parfum (de/het)	perfume	[ˈpɜːfjuːm]
eau de toilet (de)	toilet water	[ˈtɔɪlɪt ˈwɔːtə(r)]
lotion (de)	lotion	[ˈləʊʃən]
eau de cologne (de)	cologne	[kəˈləʊn]

oogschaduw (de)	eyeshadow	[ˈaɪʃædəʊ]
oogpotlood (het)	eyeliner	[ˈaɪˌlaɪnə(r)]
mascara (de)	mascara	[mæsˈkɑːrə]

lippenstift (de)	lipstick	[ˈlɪpstɪk]
nagellak (de)	nail polish	[ˈneɪl ˌpɒlɪʃ]
haarlak (de)	hair spray	[ˈheəspreɪ]

deodorant (de)	deodorant	[diːˈəʊdərənt]
crème (de)	cream	[kriːm]
gezichtscrème (de)	face cream	[ˈfeɪs ˌkriːm]
handcrème (de)	hand cream	[ˈhænd ˌkriːm]
antirimpelcrème (de)	anti-wrinkle cream	[ˈæntɪ ˈrɪŋkəl kriːm]
dagcrème (de)	day cream	[ˈdeɪ ˌkriːm]
nachtcrème (de)	night cream	[ˈnaɪt ˌkriːm]
tampon (de)	tampon	[ˈtæmpɒn]
toiletpapier (het)	toilet paper	[ˈtɔɪlɪt ˈpeɪpə(r)]
föhn (de)	hair dryer	[ˈheəˌdraɪə(r)]

34. Horloges. Klokken

polshorloge (het)	watch	[wɒtʃ]
wijzerplaat (de)	dial	[ˈdaɪəl]
wijzer (de)	hand	[hænd]
metalen horlogeband (de)	bracelet	[ˈbreɪslɪt]
horlogebandje (het)	watch strap	[wɒtʃ stræp]
batterij (de)	battery	[ˈbætərɪ]
leeg zijn (ww)	to be dead	[tə bi ded]
batterij vervangen	to change a battery	[tə tʃeɪndʒ ə ˈbætərɪ]
voorlopen (ww)	to run fast	[tə rʌn fɑːst]
achterlopen (ww)	to run slow	[tə rʌn sləʊ]
wandklok (de)	wall clock	[ˈwɔːl ˌklɒk]
zandloper (de)	hourglass	[ˈaʊəglɑːs]
zonnewijzer (de)	sundial	[ˈsʌndaɪəl]
wekker (de)	alarm clock	[əˈlɑːm klɒk]
horlogemaker (de)	watchmaker	[ˈwɒtʃˌmeɪkə(r)]
repareren (ww)	to repair (vt)	[tə rɪˈpeə(r)]

Voedsel. Voeding

35. Voedsel

vlees (het)	meat	[miːt]
kip (de)	chicken	[ˈtʃɪkɪn]
kuiken (het)	Rock Cornish hen	[rɒk ˈkɔːnɪʃ hen]
eend (de)	duck	[dʌk]
gans (de)	goose	[guːs]
wild (het)	game	[geɪm]
kalkoen (de)	turkey	[ˈtɜːkɪ]

varkensvlees (het)	pork	[pɔːk]
kalfsvlees (het)	veal	[viːl]
schapenvlees (het)	lamb	[læm]
rundvlees (het)	beef	[biːf]
konijnenvlees (het)	rabbit	[ˈræbɪt]

worst (de)	sausage	[ˈsɒsɪdʒ]
saucijs (de)	vienna sausage	[vɪˈenə ˈsɒsɪdʒ]
spek (het)	bacon	[ˈbeɪkən]
ham (de)	ham	[hæm]
gerookte achterham (de)	gammon	[ˈgæmən]

paté, pastei (de)	pâté	[ˈpæteɪ]
lever (de)	liver	[ˈlɪvə(r)]
varkensvet (het)	lard	[lɑːd]
gehakt (het)	ground beef	[graʊnd biːf]
tong (de)	tongue	[tʌŋ]

ei (het)	egg	[eg]
eieren (mv.)	eggs	[egz]
eiwit (het)	egg white	[ˈeg ˌwaɪt]
eigeel (het)	egg yolk	[ˈeg ˌjəʊk]

vis (de)	fish	[fɪʃ]
zeevruchten (mv.)	seafood	[ˈsiːfuːd]
schaaldieren (mv.)	crustaceans	[krʌˈsteɪʃənz]
kaviaar (de)	caviar	[ˈkævɪɑː(r)]

krab (de)	crab	[kræb]
garnaal (de)	shrimp	[ʃrɪmp]
oester (de)	oyster	[ˈɔɪstə(r)]
langoest (de)	spiny lobster	[ˈspaɪnɪ ˈlɒbstə(r)]
octopus (de)	octopus	[ˈɒktəpəs]
inktvis (de)	squid	[skwɪd]

steur (de)	sturgeon	[ˈstɜːdʒən]
zalm (de)	salmon	[ˈsæmən]
heilbot (de)	halibut	[ˈhælɪbət]

kabeljauw (de)	cod	[kɒd]
makreel (de)	mackerel	['mækərəl]
tonijn (de)	tuna	['tuːnə]
paling (de)	eel	[iːl]

forel (de)	trout	[traʊt]
sardine (de)	sardine	[sɑːˈdiːn]
snoek (de)	pike	[paɪk]
haring (de)	herring	['herɪŋ]

brood (het)	bread	[bred]
kaas (de)	cheese	[tʃiːz]
suiker (de)	sugar	['ʃʊgə(r)]
zout (het)	salt	[sɔːlt]

rijst (de)	rice	[raɪs]
pasta (de)	pasta	['pæstə]
noedels (mv.)	noodles	['nuːdəlz]

boter (de)	butter	['bʌtə(r)]
plantaardige olie (de)	vegetable oil	['vedʒtəbəl ɔɪl]
zonnebloemolie (de)	sunflower oil	['sʌnˌflaʊə ɔɪl]
margarine (de)	margarine	[ˌmɑːdʒəˈriːn]

| olijven (mv.) | olives | ['ɒlɪvz] |
| olijfolie (de) | olive oil | ['ɒlɪv ˌɔɪl] |

melk (de)	milk	[mɪlk]
gecondenseerde melk (de)	condensed milk	[kənˈdenst mɪlk]
yoghurt (de)	yogurt	['jəʊgərt]
zure room (de)	sour cream	['saʊə ˌkriːm]
room (de)	cream	[kriːm]

| mayonaise (de) | mayonnaise | [ˌmeɪəˈneɪz] |
| crème (de) | buttercream | ['bʌtəˌkriːm] |

graan (het)	cereal grain	['sɪərɪəl greɪn]
meel (het), bloem (de)	flour	['flaʊə(r)]
conserven (mv.)	canned food	[kænd fuːd]

maïsvlokken (mv.)	cornflakes	['kɔːnfleɪks]
honing (de)	honey	['hʌnɪ]
jam (de)	jam	[dʒæm]
kauwgom (de)	chewing gum	['tʃuːɪŋ ˌgʌm]

36. Drankjes

water (het)	water	['wɔːtə(r)]
drinkwater (het)	drinking water	['drɪŋkɪŋ 'wɔːtə(r)]
mineraalwater (het)	mineral water	['mɪnərəl 'wɔːtə(r)]

zonder gas	still	[stɪl]
koolzuurhoudend (bn)	carbonated	['kɑːbəneɪtɪd]
bruisend (bn)	sparkling	['spɑːklɪŋ]

Nederlands	English	Pronunciation
ijs (het)	ice	[aɪs]
met ijs	with ice	[wɪð aɪs]
alcohol vrij (bn)	non-alcoholic	[nɒn ˌælkəˈhɒlɪk]
alcohol vrije drank (de)	soft drink	[sɒft drɪŋk]
frisdrank (de)	cool soft drink	[kuːl sɒft drɪŋk]
limonade (de)	lemonade	[ˌleməˈneɪd]
alcoholische dranken (mv.)	liquor	[ˈlɪkə(r)]
wijn (de)	wine	[waɪn]
witte wijn (de)	white wine	[ˈwaɪt ˌwaɪn]
rode wijn (de)	red wine	[ˈred ˌwaɪn]
likeur (de)	liqueur	[lɪˈkjʊə(r)]
champagne (de)	champagne	[ʃæmˈpeɪn]
vermout (de)	vermouth	[vɜːˈmuːθ]
whisky (de)	whisky	[ˈwɪskɪ]
wodka (de)	vodka	[ˈvɒdkə]
gin (de)	gin	[dʒɪn]
cognac (de)	cognac	[ˈkɒnjæk]
rum (de)	rum	[rʌm]
koffie (de)	coffee	[ˈkɒfɪ]
zwarte koffie (de)	black coffee	[blæk ˈkɒfɪ]
koffie (de) met melk	coffee with milk	[ˈkɒfɪ wɪð mɪlk]
cappuccino (de)	cappuccino	[ˌkæpʊˈtʃiːnəʊ]
oploskoffie (de)	instant coffee	[ˈɪnstənt ˈkɒfɪ]
melk (de)	milk	[mɪlk]
cocktail (de)	cocktail	[ˈkɒkteɪl]
milkshake (de)	milk shake	[ˈmɪlk ʃeɪk]
sap (het)	juice	[dʒuːs]
tomatensap (het)	tomato juice	[təˈmeɪtəʊ dʒuːs]
sinaasappelsap (het)	orange juice	[ˈɒrɪndʒ ˌdʒuːs]
vers geperst sap (het)	freshly squeezed juice	[ˈfreʃlɪ skwiːzd dʒuːs]
bier (het)	beer	[bɪə(r)]
licht bier (het)	light beer	[ˌlaɪt ˈbɪə(r)]
donker bier (het)	dark beer	[ˈdɑːk ˌbɪə(r)]
thee (de)	tea	[tiː]
zwarte thee (de)	black tea	[blæk tiː]
groene thee (de)	green tea	[ˈgriːn ˌtiː]

37. Groenten

groenten (mv.)	vegetables	[ˈvedʒtəbəlz]
verse kruiden (mv.)	greens	[griːnz]
tomaat (de)	tomato	[təˈmeɪtəʊ]
augurk (de)	cucumber	[ˈkjuːkʌmbə(r)]
wortel (de)	carrot	[ˈkærət]

aardappel (de)	potato	[pəˈteɪtəʊ]
ui (de)	onion	[ˈʌnjən]
knoflook (de)	garlic	[ˈgɑːlɪk]
kool (de)	cabbage	[ˈkæbɪdʒ]
bloemkool (de)	cauliflower	[ˈkɒlɪˌflaʊə(r)]
spruitkool (de)	Brussels sprouts	[ˈbrʌsəlz ˌspraʊts]
broccoli (de)	broccoli	[ˈbrɒkəlɪ]
rode biet (de)	beetroot	[ˈbiːtruːt]
aubergine (de)	eggplant	[ˈegplɑːnt]
courgette (de)	zucchini	[zuːˈkiːnɪ]
pompoen (de)	pumpkin	[ˈpʌmpkɪn]
raap (de)	turnip	[ˈtɜːnɪp]
peterselie (de)	parsley	[ˈpɑːslɪ]
dille (de)	dill	[dɪl]
sla (de)	lettuce	[ˈletɪs]
selderij (de)	celery	[ˈselərɪ]
asperge (de)	asparagus	[əˈspærəgəs]
spinazie (de)	spinach	[ˈspɪnɪdʒ]
erwt (de)	pea	[piː]
bonen (mv.)	beans	[biːnz]
maïs (de)	corn	[kɔːn]
boon (de)	kidney bean	[ˈkɪdnɪ biːn]
peper (de)	pepper	[ˈpepə(r)]
radijs (de)	radish	[ˈrædɪʃ]
artisjok (de)	artichoke	[ˈɑːtɪtʃəʊk]

38. Vruchten. Noten

vrucht (de)	fruit	[fruːt]
appel (de)	apple	[ˈæpəl]
peer (de)	pear	[peə(r)]
citroen (de)	lemon	[ˈlemən]
sinaasappel (de)	orange	[ˈɒrɪndʒ]
aardbei (de)	strawberry	[ˈstrɔːbərɪ]
mandarijn (de)	mandarin	[ˈmændərɪn]
pruim (de)	plum	[plʌm]
perzik (de)	peach	[piːtʃ]
abrikoos (de)	apricot	[ˈeɪprɪkɒt]
framboos (de)	raspberry	[ˈrɑːzbərɪ]
ananas (de)	pineapple	[ˈpaɪnˌæpəl]
banaan (de)	banana	[bəˈnɑːnə]
watermeloen (de)	watermelon	[ˈwɔːtəˌmelən]
druif (de)	grape	[greɪp]
meloen (de)	melon	[ˈmelən]
grapefruit (de)	grapefruit	[ˈgreɪpfruːt]
avocado (de)	avocado	[ˌævəˈkɑːdəʊ]

papaja (de)	papaya	[pə'paɪə]
mango (de)	mango	['mæŋgəʊ]
granaatappel (de)	pomegranate	['pɒmɪˌgrænɪt]
rode bes (de)	redcurrant	['redkʌrənt]
zwarte bes (de)	blackcurrant	[ˌblæk'kʌrənt]
kruisbes (de)	gooseberry	['gʊzbərɪ]
bosbes (de)	bilberry	['bɪlbərɪ]
braambes (de)	blackberry	['blækbərɪ]
rozijn (de)	raisin	['reɪzən]
vijg (de)	fig	[fɪg]
dadel (de)	date	[deɪt]
pinda (de)	peanut	['piːnʌt]
amandel (de)	almond	['ɑːmənd]
walnoot (de)	walnut	['wɔːlnʌt]
hazelnoot (de)	hazelnut	['heɪzəlnʌt]
kokosnoot (de)	coconut	['kəʊkənʌt]
pistaches (mv.)	pistachios	[pɪ'stɑːʃɪəʊs]

39. Brood. Snoep

suikerbakkerij (de)	confectionery	[kən'fekʃənərɪ]
brood (het)	bread	[bred]
koekje (het)	cookies	['kʊkɪz]
chocolade (de)	chocolate	['tʃɒkələt]
chocolade- (abn)	chocolate	['tʃɒkələt]
snoepje (het)	candy	['kændɪ]
cakeje (het)	cake	[keɪk]
taart (bijv. verjaardags~)	cake	[keɪk]
pastei (de)	pie	[paɪ]
vulling (de)	filling	['fɪlɪŋ]
confituur (de)	jam	[dʒæm]
marmelade (de)	marmalade	['mɑːməleɪd]
wafel (de)	waffle	['wɒfəl]
IJsje (het)	ice-cream	[aɪs kriːm]
pudding (de)	pudding	['pʊdɪŋ]

40. Bereide gerechten

gerecht (het)	course, dish	[kɔːs], [dɪʃ]
keuken (bijv. Franse ~)	cuisine	[kwɪ'ziːn]
recept (het)	recipe	['resɪpɪ]
portie (de)	portion	['pɔːʃən]
salade (de)	salad	['sæləd]
soep (de)	soup	[suːp]
bouillon (de)	clear soup	[ˌklɪə 'suːp]

| boterham (de) | sandwich | ['sænwɪdʒ] |
| spiegelei (het) | fried eggs | ['fraɪd ˌegz] |

hamburger (de)	cutlet	['kʌtlɪt]
hamburger (de)	hamburger	['hæmbɜːgə(r)]
biefstuk (de)	steak	[steɪk]
hutspot (de)	stew	[stjuː]

garnering (de)	side dish	[saɪd dɪʃ]
spaghetti (de)	spaghetti	[spə'getɪ]
aardappelpuree (de)	mashed potatoes	[mæʃt pə'teɪtəʊz]
pizza (de)	pizza	['piːtsə]
pap (de)	porridge	['pɒrɪdʒ]
omelet (de)	omelet	['ɒmlɪt]

gekookt (in water)	boiled	['bɔɪld]
gerookt (bn)	smoked	[sməʊkt]
gebakken (bn)	fried	[fraɪd]
gedroogd (bn)	dried	[draɪd]
diepvries (bn)	frozen	['frəʊzən]
gemarineerd (bn)	pickled	['pɪkəld]

zoet (bn)	sweet	[swiːt]
gezouten (bn)	salty	['sɔːltɪ]
koud (bn)	cold	[kəʊld]
heet (bn)	hot	[hɒt]
bitter (bn)	bitter	['bɪtə(r)]
lekker (bn)	tasty	['teɪstɪ]

koken (in kokend water)	to cook in boiling water	[tə kʊk in 'bɔɪlɪŋ 'wɔːtə]
bereiden (avondmaaltijd ~)	to cook (vt)	[tə kʊk]
bakken (ww)	to fry (vt)	[tə fraɪ]
opwarmen (ww)	to heat up	[tə hiːt ʌp]

zouten (ww)	to salt (vt)	[tə sɔːlt]
peperen (ww)	to pepper (vt)	[tə 'pepə(r)]
raspen (ww)	to grate (vt)	[tə greɪt]
schil (de)	peel	[piːl]
schillen (ww)	to peel (vt)	[tə piːl]

41. Kruiden

zout (het)	salt	[sɔːlt]
gezouten (bn)	salty	['sɔːltɪ]
zouten (ww)	to salt (vt)	[tə sɔːlt]

zwarte peper (de)	black pepper	[blæk 'pepə(r)]
rode peper (de)	red pepper	[red 'pepə(r)]
mosterd (de)	mustard	['mʌstəd]
mierikswortel (de)	horseradish	['hɔːsˌrædɪʃ]

condiment (het)	condiment	['kɒndɪmənt]
specerij, kruiderij (de)	spice	[spaɪs]
saus (de)	sauce	[sɔːs]

azijn (de)	vinegar	['vɪnɪgə(r)]
anijs (de)	anise	['ænɪs]
basilicum (de)	basil	['beɪzəl]
kruidnagel (de)	cloves	[kləʊvz]
gember (de)	ginger	['dʒɪndʒə(r)]
koriander (de)	coriander	[ˌkɒrɪ'ændə(r)]
kaneel (de/het)	cinnamon	['sɪnəmən]
sesamzaad (het)	sesame	['sesəmɪ]
laurierblad (het)	bay leaf	[beɪ liːf]
paprika (de)	paprika	['pæprɪkə]
komijn (de)	caraway	['kærəweɪ]
saffraan (de)	saffron	['sæfrən]

42. Maaltijden

eten (het)	food	[fuːd]
eten (ww)	to eat (vi, vt)	[tə iːt]
ontbijt (het)	breakfast	['brekfəst]
ontbijten (ww)	to have breakfast	[tə hæv 'brekfəst]
lunch (de)	lunch	[lʌntʃ]
lunchen (ww)	to have lunch	[tə hæv lʌntʃ]
avondeten (het)	dinner	['dɪnə(r)]
souperen (ww)	to have dinner	[tə hæv 'dɪnə(r)]
eetlust (de)	appetite	['æpɪtaɪt]
Eet smakelijk!	Enjoy your meal!	[ɪn'dʒɔɪ jɔː ˌmiːl]
openen (een fles ~)	to open (vt)	[tə 'əʊpən]
morsen (koffie, enz.)	to spill (vt)	[tə spɪl]
zijn gemorst	to spill out (vi)	[tə spɪl aʊt]
koken (water kookt bij 100°C)	to boil (vi)	[tə bɔɪl]
koken (Hoe om water te ~)	to boil (vt)	[tə bɔɪl]
gekookt (~ water)	boiled	['bɔɪld]
afkoelen (koeler maken)	to chill, cool down (vt)	[tə tʃɪl], [kuːl daʊn]
afkoelen (koeler worden)	to chill (vi)	[tə tʃɪl]
smaak (de)	taste, flavor	[teɪst], ['fleɪvə(r)]
nasmaak (de)	aftertaste	['ɑːftəteɪst]
volgen een dieet	to slim down	[tə slɪm daʊn]
dieet (het)	diet	['daɪət]
vitamine (de)	vitamin	['vaɪtəmɪn]
calorie (de)	calorie	['kælərɪ]
vegetariër (de)	vegetarian	[ˌvedʒɪ'teərɪən]
vegetarisch (bn)	vegetarian	[ˌvedʒɪ'teərɪən]
vetten (mv.)	fats	[fæts]
eiwitten (mv.)	proteins	['prəʊtiːnz]
koolhydraten (mv.)	carbohydrates	[ˌkɑːbəʊ'haɪdreɪts]
snede (de)	slice	[slaɪs]
stuk (bijv. een ~ taart)	piece	[piːs]
kruimel (de)	crumb	[krʌm]

43. Tafelschikking

lepel (de)	spoon	[spuːn]
mes (het)	knife	[naɪf]
vork (de)	fork	[fɔːk]

kopje (het)	cup	[kʌp]
bord (het)	plate	[pleɪt]
schoteltje (het)	saucer	[ˈsɔːsə(r)]
servet (het)	napkin	[ˈnæpkɪn]
tandenstoker (de)	toothpick	[ˈtuːθpɪk]

44. Restaurant

restaurant (het)	restaurant	[ˈrestrɒnt]
koffiehuis (het)	coffee house	[ˈkɒfɪˌhaʊs]
bar (de)	pub, bar	[pʌb], [bɑː(r)]
tearoom (de)	tearoom	[ˈtiːrʊm]

kelner, ober (de)	waiter	[ˈweɪtə(r)]
serveerster (de)	waitress	[ˈweɪtrɪs]
barman (de)	bartender	[ˈbɑːrˌtendə(r)]

menu (het)	menu	[ˈménjuː]
wijnkaart (de)	wine list	[ˈwaɪn lɪst]
een tafel reserveren	to book a table	[tə bʊk ə ˈteɪbəl]

gerecht (het)	course, dish	[kɔːs], [dɪʃ]
bestellen (eten ~)	to order (vi, vt)	[tə ˈɔːdə(r)]
een bestelling maken	to make an order	[tə meɪk ən ˈɔːdə(r)]

aperitief (de/het)	aperitif	[əpeˈtiːf]
voorgerecht (het)	appetizer	[ˈæpɪtaɪzə(r)]
dessert (het)	dessert	[dɪˈzɜːt]

rekening (de)	check	[tʃek]
de rekening betalen	to pay the check	[tə peɪ ðə tʃek]
wisselgeld teruggeven	to give change	[tə gɪv ˈtʃeɪndʒ]
fooi (de)	tip	[tɪp]

Familie, verwanten en vrienden

45. Persoonlijke informatie. Formulieren

naam (de)	name, first name	[neɪm], [ˈfɜːstˌneɪm]
achternaam (de)	family name	[ˈfæmlɪ ˌneɪm]
geboortedatum (de)	date of birth	[deɪt əv bɜːθ]
geboorteplaats (de)	place of birth	[ˌpleɪs əv ˈbɜːθ]
nationaliteit (de)	nationality	[ˌnæʃəˈnælətɪ]
woonplaats (de)	place of residence	[ˌpleɪs əv ˈrezɪdəns]
land (het)	country	[ˈkʌntrɪ]
beroep (het)	profession	[prəˈfeʃən]
geslacht (ov. het vrouwelijk ~)	gender, sex	[ˈdʒendə(r)], [seks]
lengte (de)	height	[haɪt]
gewicht (het)	weight	[weɪt]

46. Familieleden. Verwanten

moeder (de)	mother	[ˈmʌðə(r)]
vader (de)	father	[ˈfɑːðə(r)]
zoon (de)	son	[sʌn]
dochter (de)	daughter	[ˈdɔːtə(r)]
jongste dochter (de)	younger daughter	[ˌjʌŋgə ˈdɔːtə(r)]
jongste zoon (de)	younger son	[ˌjʌŋgə ˈsʌn]
oudste dochter (de)	eldest daughter	[ˈeldɪst ˈdɔːtə(r)]
oudste zoon (de)	eldest son	[ˈeldɪst sʌn]
broer (de)	brother	[ˈbrʌðə(r)]
zuster (de)	sister	[ˈsɪstə(r)]
neef (zoon van oom/tante)	cousin	[ˈkʌzən]
nicht (dochter van oom/tante)	cousin	[ˈkʌzən]
mama (de)	mom	[mɒm]
papa (de)	dad, daddy	[dæd], [ˈdædɪ]
ouders (mv.)	parents	[ˈpeərənts]
kind (het)	child	[tʃaɪld]
kinderen (mv.)	children	[ˈtʃɪldrən]
oma (de)	grandmother	[ˈgrænˌmʌðə(r)]
opa (de)	grandfather	[ˈgrændˌfɑːðə(r)]
kleinzoon (de)	grandson	[ˈgrænsʌn]
kleindochter (de)	granddaughter	[ˈgrænˌdɔːtə(r)]
kleinkinderen (mv.)	grandchildren	[ˈgrænˌtʃɪldrən]
oom (de)	uncle	[ˈʌŋkəl]

tante (de)	aunt	[ɑːnt]
neef (zoon van broer/zus)	nephew	[ˈnefjuː]
nicht (dochter van broer/zus)	niece	[niːs]
schoonmoeder (de)	mother-in-law	[ˈmʌðər ɪn ˈlɔː]
schoonvader (de)	father-in-law	[ˈfɑːðə ɪn ˌlɔː]
schoonzoon (de)	son-in-law	[ˈsʌn ɪn ˌlɔː]
stiefmoeder (de)	stepmother	[ˈstepˌmʌðə(r)]
stiefvader (de)	stepfather	[ˈstepˌfɑːðə(r)]
zuigeling (de)	infant	[ˈɪnfənt]
wiegenkind (het)	baby	[ˈbeɪbɪ]
kleuter (de)	little boy	[ˈlɪtəl ˌbɔɪ]
vrouw (de)	wife	[waɪf]
man (de)	husband	[ˈhʌzbənd]
gehuwd (mann.)	married	[ˈmærɪd]
gehuwd (vrouw.)	married	[ˈmærɪd]
ongehuwd (mann.)	single	[ˈsɪŋɡəl]
vrijgezel (de)	bachelor	[ˈbætʃələ(r)]
gescheiden (bn)	divorced	[dɪˈvɔːst]
weduwe (de)	widow	[ˈwɪdəʊ]
weduwnaar (de)	widower	[ˈwɪdəʊə(r)]
familielid (het)	relative	[ˈrelətɪv]
dichte familielid (het)	close relative	[ˌkləʊs ˈrelətɪv]
verre familielid (het)	distant relative	[ˈdɪstənt ˈrelətɪv]
familieleden (mv.)	relatives	[ˈrelətɪvz]
wees (de), weeskind (het)	orphan	[ˈɔːfən]
voogd (de)	guardian	[ˈɡɑːdjən]
adopteren (een jongen te ~)	to adopt (vt)	[tə əˈdɒpt]
adopteren (een meisje te ~)	to adopt (vt)	[tə əˈdɒpt]

Geneeskunde

47. Ziekten

ziekte (de)	sickness	['sıknıs]
ziek zijn (ww)	to be sick	[tə bi 'sık]
gezondheid (de)	health	[helθ]
snotneus (de)	runny nose	[ˌrʌni 'nəʊz]
angina (de)	angina	[æn'dʒaınə]
verkoudheid (de)	cold	[kəʊld]
verkouden raken (ww)	to catch a cold	[tə kætʃ ə 'kəʊld]
bronchitis (de)	bronchitis	[brɒŋ'kaıtıs]
longontsteking (de)	pneumonia	[njuː'məʊnıə]
griep (de)	flu	[fluː]
bijziend (bn)	near-sighted	[ˌnıə'saıtıd]
verziend (bn)	far-sighted	['fɑː ˌsaıtıd]
scheelheid (de)	strabismus	[strə'bızməs]
scheel (bn)	cross-eyed	[krɒs 'aıd]
grauwe staar (de)	cataract	['kæterækt]
glaucoom (het)	glaucoma	[glɔː'kəʊmə]
beroerte (de)	stroke	[strəʊk]
hartinfarct (het)	heart attack	['hɑːt əˌtæk]
myocardiaal infarct (het)	myocardial infarction	[ˌmaıəʊ'kɑːdıəl ın'fɑːkʃən]
verlamming (de)	paralysis	[pə'rælısıs]
verlammen (ww)	to paralyze (vt)	[tə 'pærəlaız]
allergie (de)	allergy	['ælədʒı]
astma (de/het)	asthma	['æsmə]
diabetes (de)	diabetes	[ˌdaıə'biːtiːz]
tandpijn (de)	toothache	['tuːθeık]
tandbederf (het)	caries	['keərizː]
diarree (de)	diarrhea	[ˌdaıə'rıə]
constipatie (de)	constipation	[ˌkɒnstı'peıʃən]
maagstoornis (de)	stomach upset	['stʌmək ˌʌpset]
voedselvergiftiging (de)	food poisoning	[fuːd 'pɔızənıŋ]
artritis (de)	arthritis	[ɑː'θraıtıs]
rachitis (de)	rickets	['rıkıts]
reuma (het)	rheumatism	['ruːmətızəm]
arteriosclerose (de)	atherosclerosis	[ˌæθərəʊsklı'rəʊsıs]
gastritis (de)	gastritis	[gæs'traıtıs]
blindedarmontsteking (de)	appendicitis	[əˌpendı'saıtıs]
galblaasontsteking (de)	cholecystitis	[ˌkɒlısıs'taıtıs]

Nederlands	Engels	Uitspraak
zweer (de)	ulcer	[ˈʌlsə(r)]
mazelen (mv.)	measles	[ˈmiːzəlz]
rodehond (de)	German measles	[ˈdʒɜːmən ˈmiːzəlz]
geelzucht (de)	jaundice	[ˈdʒɔːndɪs]
leverontsteking (de)	hepatitis	[ˌhepəˈtaɪtɪs]
schizofrenie (de)	schizophrenia	[ˌskɪtsəˈfriːnɪə]
dolheid (de)	rabies	[ˈreɪbiːz]
neurose (de)	neurosis	[ˌnjʊəˈrəʊsɪs]
hersenschudding (de)	concussion	[kənˈkʌʃən]
kanker (de)	cancer	[ˈkænsə(r)]
sclerose (de)	sclerosis	[skləˈrəʊsɪs]
multiple sclerose (de)	multiple sclerosis	[ˈmʌltɪpəl skləˈrəʊsɪs]
alcoholisme (het)	alcoholism	[ˈælkəhɒlɪzəm]
alcoholicus (de)	alcoholic	[ˌælkəˈhɒlɪk]
syfilis (de)	syphilis	[ˈsɪfɪlɪs]
AIDS (de)	AIDS	[eɪdz]
tumor (de)	tumor	[ˈtjuːmə(r)]
koorts (de)	fever	[ˈfiːvə(r)]
malaria (de)	malaria	[məˈleərɪə]
gangreen (het)	gangrene	[ˈgæŋgriːn]
zeeziekte (de)	seasickness	[ˈsiːsɪknɪs]
epilepsie (de)	epilepsy	[ˈepɪlepsɪ]
epidemie (de)	epidemic	[ˌepɪˈdemɪk]
tyfus (de)	typhus	[ˈtaɪfəs]
tuberculose (de)	tuberculosis	[tjuːˌbɜːkjʊˈləʊsɪs]
cholera (de)	cholera	[ˈkɒlərə]
pest (de)	plague	[pleɪg]

48. Symptomen. Behandelingen. Deel 1

Nederlands	Engels	Uitspraak
symptoom (het)	symptom	[ˈsɪmptəm]
temperatuur (de)	temperature	[ˈtemprətʃə(r)]
verhoogde temperatuur (de)	high temperature	[haɪ ˈtemprətʃə(r)]
polsslag (de)	pulse	[pʌls]
duizeling (de)	giddiness	[ˈgɪdɪnɪs]
heet (erg warm)	hot	[hɒt]
koude rillingen (mv.)	shivering	[ˈʃɪvərɪŋ]
bleek (bn)	pale	[peɪl]
hoest (de)	cough	[kɒf]
hoesten (ww)	to cough (vi)	[tə kɒf]
niezen (ww)	to sneeze (vi)	[tə sniːz]
flauwte (de)	faint	[feɪnt]
flauwvallen (ww)	to faint (vi)	[tə feɪnt]
blauwe plek (de)	bruise	[bruːz]
buil (de)	bump	[bʌmp]
zich stoten (ww)	to bang (vi)	[tə bæŋ]

| kneuzing (de) | bruise | [bruːz] |
| kneuzen (gekneusd zijn) | to get a bruise | [tə get ə bruːz] |

hinken (ww)	to limp (vi)	[tə lɪmp]
verstuiking (de)	dislocation	[ˌdɪsləˈkeɪʃən]
verstuiken (enkel, enz.)	to dislocate (vt)	[tə ˈdɪsləkeɪt]
breuk (de)	fracture	[ˈfræktʃə(r)]
een breuk oplopen	to have a fracture	[tə hæv ə ˈfræktʃə(r)]

snijwond (de)	cut	[kʌt]
zich snijden (ww)	to cut oneself	[tə kʌt wʌnˈself]
bloeding (de)	bleeding	[ˈbliːdɪŋ]

| brandwond (de) | burn | [bɜːn] |
| zich branden (ww) | to get burned | [tə get ˈbɜːnd] |

prikken (ww)	to prick (vt)	[tə prɪk]
zich prikken (ww)	to prick oneself	[tə prɪk wʌnˈself]
blesseren (ww)	to injure (vt)	[tə ˈɪndʒə(r)]
blessure (letsel)	injury	[ˈɪndʒərɪ]
wond (de)	wound	[wuːnd]
trauma (het)	trauma	[ˈtraʊmə]

ijlen (ww)	to be delirious	[tə bi dɪˈlɪrɪəs]
stotteren (ww)	to stutter (vi)	[tə ˈstʌtə(r)]
zonnesteek (de)	sunstroke	[ˈsʌnstrəʊk]

49. Symptomen. Behandelingen. Deel 2

| pijn (de) | pain | [peɪn] |
| splinter (de) | splinter | [ˈsplɪntə(r)] |

zweet (het)	sweat	[swet]
zweten (ww)	to sweat (vi)	[tə swet]
braking (de)	vomiting	[ˈvɒmɪtɪŋ]
stuiptrekkingen (mv.)	convulsions	[kənˈvʌlʃənz]

zwanger (bn)	pregnant	[ˈpregnənt]
geboren worden (ww)	to be born	[tə bi bɔːn]
geboorte (de)	delivery, labor	[dɪˈlɪvərɪ], [ˈleɪbə(r)]
baren (ww)	to deliver (vt)	[tə dɪˈlɪvə(r)]
abortus (de)	abortion	[əˈbɔːʃən]

ademhaling (de)	breathing, respiration	[ˈbriːðɪŋ], [ˌrespəˈreɪʃən]
inademing (de)	inhalation	[ˌɪnhəˈleɪʃən]
uitademing (de)	exhalation	[ˌeksəˈleɪʃən]
uitademen (ww)	to exhale (vi)	[tə eksˈheɪl]
inademen (ww)	to inhale (vi)	[tə ɪnˈheɪl]

invalide (de)	disabled person	[dɪsˈeɪbəld ˈpɜːsən]
gehandicapte (de)	cripple	[ˈkrɪpəl]
drugsverslaafde (de)	drug addict	[ˈdrʌɡˌædɪkt]
doof (bn)	deaf	[def]
stom (bn)	dumb	[dʌm]

doofstom (bn)	deaf-and-dumb	[ˌdef ənd 'dʌm]
krankzinnig (bn)	mad, insane	[mæd], [ɪn'seɪn]
krankzinnige (man)	madman	['mædmən]
krankzinnige (vrouw)	madwoman	['mædˌwʊmən]
krankzinnig worden	to go insane	[tə gəʊ ɪn'seɪn]
gen (het)	gene	[dʒiːn]
immuniteit (de)	immunity	[ɪ'mjuːnətɪ]
erfelijk (bn)	hereditary	[hɪ'redɪtərɪ]
aangeboren (bn)	congenital	[kən'dʒenɪtəl]
virus (het)	virus	['vaɪrəs]
microbe (de)	microbe	['maɪkrəʊb]
bacterie (de)	bacterium	[bæk'tɪərɪəm]
infectie (de)	infection	[ɪn'fekʃən]

50. Symptomen. Behandelingen. Deel 3

ziekenhuis (het)	hospital	['hɒspɪtəl]
patiënt (de)	patient	['peɪʃənt]
diagnose (de)	diagnosis	[ˌdaɪəg'nəʊsɪs]
genezing (de)	cure	[kjʊə]
medische behandeling (de)	treatment	['triːtmənt]
onder behandeling zijn	to get treatment	[tə get 'triːtmənt]
behandelen (ww)	to treat (vt)	[tə triːt]
zorgen (zieken ~)	to nurse (vt)	[tə nɜːs]
ziekenzorg (de)	care	[keə(r)]
operatie (de)	operation, surgery	[ˌɒpə'reɪʃən], ['sɜːdʒərɪ]
verbinden (een arm ~)	to bandage (vt)	[tə 'bændɪdʒ]
verband (het)	bandaging	['bændɪdʒɪŋ]
vaccin (het)	vaccination	[ˌvæksɪ'neɪʃən]
inenten (vaccineren)	to vaccinate (vt)	[tə 'væksɪneɪt]
injectie (de)	injection, shot	[ɪn'dʒekʃən], [ʃɒt]
een injectie geven	to give an injection	[təˌgɪv ən ɪn'dʒekʃən]
aanval (de)	attack	[ə'tæk]
amputatie (de)	amputation	[ˌæmpjʊ'teɪʃən]
amputeren (ww)	to amputate (vt)	[tə 'æmpjuteɪt]
coma (het)	coma	['kəʊmə]
in coma liggen	to be in a coma	[tə bi ɪn ə 'kəʊmə]
intensieve zorg, ICU (de)	intensive care	[ɪn'tensɪv ˌkeə(r)]
zich herstellen (ww)	to recover (vi)	[tə rɪ'kʌvə(r)]
toestand (de)	state	[steɪt]
bewustzijn (het)	consciousness	['kɒnʃəsnɪs]
geheugen (het)	memory	['memərɪ]
trekken (een kies ~)	to pull out	[tə ˌpʊl 'aʊt]
vulling (de)	filling	['fɪlɪŋ]
vullen (ww)	to fill (vt)	[tə fɪl]
hypnose (de)	hypnosis	[hɪp'nəʊsɪs]
hypnotiseren (ww)	to hypnotize (vt)	[tə 'hɪpnətaɪz]

51. Artsen

dokter, arts (de)	doctor	[ˈdɒktə(r)]
ziekenzuster (de)	nurse	[nɜːs]
lijfarts (de)	private physician	[ˈpraɪvɪt fɪˈzɪʃən]
tandarts (de)	dentist	[ˈdentɪst]
oogarts (de)	ophthalmologist	[ˌɒfθælˈmɒlədʒɪst]
therapeut (de)	internist	[ɪnˈtɜːnɪst]
chirurg (de)	surgeon	[ˈsɜːdʒən]
psychiater (de)	psychiatrist	[saɪˈkaɪətrɪst]
pediater (de)	pediatrician	[ˌpiːdɪəˈtrɪʃən]
psycholoog (de)	psychologist	[saɪˈkɒlədʒɪst]
gynaecoloog (de)	gynecologist	[ˌgaɪnɪˈkɒlədʒɪst]
cardioloog (de)	cardiologist	[ˌkɑːdɪˈɒlədʒɪst]

52. Geneeskunde. Medicijnen. Accessoires

geneesmiddel (het)	medicine, drug	[ˈmedsɪn], [drʌg]
middel (het)	remedy	[ˈremədɪ]
voorschrijven (ww)	to prescribe (vt)	[tə prɪˈskraɪb]
recept (het)	prescription	[prɪˈskrɪpʃən]
tablet (de/het)	tablet, pill	[ˈtæblɪt], [pɪl]
zalf (de)	ointment	[ˈɔɪntmənt]
ampul (de)	ampule	[ˈæmpuːl]
drank (de)	mixture	[ˈmɪkstʃə(r)]
siroop (de)	syrup	[ˈsɪrəp]
pil (de)	pill	[pɪl]
poeder (de/het)	powder	[ˈpaʊdə(r)]
verband (het)	bandage	[ˈbændɪdʒ]
watten (mv.)	cotton wool	[ˈkɒtənˌwʊl]
jodium (het)	iodine	[ˈaɪədaɪn]
pleister (de)	Band-Aid	[ˈbændˌeɪd]
pipet (de)	eyedropper	[aɪ ˈdrɒpə(r)]
thermometer (de)	thermometer	[θəˈmɒmɪtə(r)]
spuit (de)	syringe	[sɪˈrɪndʒ]
rolstoel (de)	wheelchair	[ˈwiːlˌtʃeə(r)]
krukken (mv.)	crutches	[krʌtʃɪz]
pijnstiller (de)	painkiller	[ˈpeɪnˌkɪlə(r)]
laxeermiddel (het)	laxative	[ˈlæksətɪv]
spiritus (de)	spirit, ethanol	[ˈspɪrɪt], [ˈeθənɒl]
medicinale kruiden (mv.)	medicinal herbs	[məˈdɪsɪnəl ɜːbz]
kruiden- (abn)	herbal	[ˈɜːbəl]

HET MENSELIJKE LEEFGEBIED

Stad

53. Stad. Het leven in de stad

stad (de)	city, town	['sɪtɪ], [taʊn]
hoofdstad (de)	capital	['kæpɪtəl]
dorp (het)	village	['vɪlɪdʒ]
plattegrond (de)	city map	['sɪtɪˌmæp]
centrum (ov. een stad)	downtown	['daʊnˌtaʊn]
voorstad (de)	suburb	['sʌbɜːb]
voorstads- (abn)	suburban	[sə'bɜːbən]
randgemeente (de)	outskirts	['aʊtskɜːts]
omgeving (de)	environs	[ɪn'vaɪərənz]
blok (huizenblok)	cIty block	['sɪtɪ blɒk]
woonwijk (de)	residential block	[ˌrezɪ'denʃəl blɒk]
verkeer (het)	traffic	['træfɪk]
verkeerslicht (het)	traffic lights	['træfɪk laɪts]
openbaar vervoer (het)	public transportation	['pʌblɪk ˌtrænspɔː'teɪʃən]
kruispunt (het)	intersection	[ˌɪntə'sekʃən]
zebrapad (oversteekplaats)	crosswalk	['krɒswɔːk]
onderdoorgang (de)	pedestrian underpass	[pɪ'destrɪən 'ʌndəpɑːs]
oversteken (de straat ~)	to cross (vt)	[tə krɒs]
voetganger (de)	pedestrian	[pɪ'destrɪən]
trottoir (het)	sidewalk	['saɪdwɔːk]
brug (de)	bridge	[brɪdʒ]
dijk (de)	embankment	[ɪm'bæŋkmənt]
allee (de)	allée	[ale]
park (het)	park	[pɑːk]
boulevard (de)	boulevard	['buːləvɑːd]
plein (het)	square	[skweə(r)]
laan (de)	avenue	['ævənjuː]
straat (de)	street	[striːt]
zijstraat (de)	side street	[saɪd striːt]
doodlopende straat (de)	dead end	[ˌded 'end]
huis (het)	house	[haʊs]
gebouw (het)	building	['bɪldɪŋ]
wolkenkrabber (de)	skyscraper	['skaɪˌskreɪpə(r)]
gevel (de)	facade	[fə'sɑːd]
dak (het)	roof	[ruːf]

venster (het)	window	['wɪndəʊ]
boog (de)	arch	[ɑːtʃ]
pilaar (de)	column	['kɒləm]
hoek (ov. een gebouw)	corner	['kɔːnə(r)]

vitrine (de)	store window	['stɔː ˌwɪndəʊ]
gevelreclame (de)	store sign	[stɔː saɪn]
affiche (de/het)	poster	['pəʊstə(r)]
reclameposter (de)	advertising poster	['ædvətaɪzɪŋ 'pəʊstə(r)]
aanplakbord (het)	billboard	['bɪlbɔːd]

vuilnis (de/het)	garbage, trash	['gɑːbɪdʒ], [træʃ]
vuilnisbak (de)	garbage can	['gɑːbɪdʒ kæn]
afval weggooien (ww)	to litter (vi)	[tə 'lɪtə(r)]
stortplaats (de)	garbage dump	['gɑːbɪdʒ dʌmp]

telefooncel (de)	phone booth	['fəʊn ˌbuːð]
straatlicht (het)	street light	['striːt laɪt]
bank (de)	bench	[bentʃ]

politieagent (de)	police officer	[pə'liːs 'ɒfɪsə(r)]
politie (de)	police	[pə'liːs]
zwerver (de)	beggar	['begə(r)]
dakloze (de)	homeless	['həʊmlɪs]

54. Stedelijke instellingen

winkel (de)	store	[stɔː(r)]
apotheek (de)	drugstore, pharmacy	['drʌgstɔː(r)], ['fɑːməsɪ]
optiek (de)	optical store	['ɒptɪkəl stɔː(r)]
winkelcentrum (het)	shopping mall	['ʃɒpɪŋ mɔːl]
supermarkt (de)	supermarket	['suːpəˌmɑːkɪt]

bakkerij (de)	bakery	['beɪkərɪ]
bakker (de)	baker	['beɪkə(r)]
banketbakkerij (de)	candy store	['kændɪ stɔː(r)]
kruidenier (de)	grocery store	['grəʊsərɪ stɔː(r)]
slagerij (de)	butcher shop	['bʊtʃəzʃɒp]

groentewinkel (de)	produce store	['prɒdjuːs stɔː]
markt (de)	market	['mɑːkɪt]

koffiehuis (het)	coffee house	['kɒfɪ ˌhaʊs]
restaurant (het)	restaurant	['restrɒnt]
bar (de)	pub	[pʌb]
pizzeria (de)	pizzeria	[ˌpiːtsə'rɪə]

kapperssalon (de/het)	hair salon	['heə 'sælɒn]
postkantoor (het)	post office	[pəʊst 'ɒfɪs]
stomerij (de)	dry cleaners	[ˌdraɪ 'kliːnəz]
fotostudio (de)	photo studio	['fəʊtəʊ 'stjuːdɪəʊ]

schoenwinkel (de)	shoe store	['ʃuː stɔː(r)]
boekhandel (de)	bookstore	['bʊkstɔː(r)]

sportwinkel (de)	sporting goods store	[ˈspɔːtɪŋ gʊdz stɔː(r)]
kledingreparatie (de)	clothes repair	[kləʊðz rɪˈpeə(r)]
kledingverhuur (de)	formal wear rental	[ˈfɔːməl weə ˈrentəl]
videotheek (de)	movie rental store	[ˈmuːvɪ ˈrentəl stɔː]
circus (de/het)	circus	[ˈsɜːkəs]
dierentuin (de)	zoo	[zuː]
bioscoop (de)	movie theater	[ˈmuːvɪ ˈθɪətə(r)]
museum (het)	museum	[mjuːˈziːəm]
bibliotheek (de)	library	[ˈlaɪbrərɪ]
theater (het)	theater	[ˈθɪətə(r)]
opera (de)	opera	[ˈɒpərə]
nachtclub (de)	nightclub	[naɪt klʌb]
casino (het)	casino	[kəˈsiːnəʊ]
moskee (de)	mosque	[mɒsk]
synagoge (de)	synagogue	[ˈsɪnəgɒg]
kathedraal (de)	cathedral	[kəˈθiːdrəl]
tempel (de)	temple	[ˈtempəl]
kerk (de)	church	[tʃɜːtʃ]
instituut (het)	college	[ˈkɒlɪdʒ]
universiteit (de)	university	[juːnɪˈvɜːsətɪ]
school (de)	school	[skuːl]
gemeentehuis (het)	prefecture	[ˈpriːfek̩tjʊə(r)]
stadhuis (het)	city hall	[ˈsɪtɪ ˌhɔːl]
hotel (het)	hotel	[həʊˈtel]
bank (de)	bank	[bæŋk]
ambassade (de)	embassy	[ˈembəsɪ]
reisbureau (het)	travel agency	[ˈtrævəl ˈeɪdʒənsɪ]
informatieloket (het)	information office	[ˌɪnfəˈmeɪʃən ˈɒfɪs]
wisselkantoor (het)	money exchange	[ˈmʌnɪ ɪksˈtʃeɪndʒ]
metro (de)	subway	[ˈsʌbweɪ]
ziekenhuis (het)	hospital	[ˈhɒspɪtəl]
benzinestation (het)	gas station	[gæs ˈsteɪʃən]
parking (de)	parking lot	[ˈpɑːkɪŋ lɒt]

55. Borden

gevelreclame (de)	store sign	[stɔː saɪn]
opschrift (het)	notice	[ˈnəʊtɪs]
poster (de)	poster	[ˈpəʊstə(r)]
wegwijzer (de)	direction sign	[dɪˈrekʃən saɪn]
pijl (de)	arrow	[ˈærəʊ]
waarschuwingsbord (het)	warning sign	[ˈwɔːnɪŋ saɪn]
waarschuwen (ww)	to warn (vt)	[tə wɔːn]
vrije dag (de)	day off	[ˌdeɪˈɒf]
dienstregeling (de)	timetable	[ˈtaɪmˌteɪbəl]

openingsuren (mv.)	opening hours	['əʊpənɪŋ ˌaʊəz]
WELKOM!	WELCOME!	['welkəm]
INGANG	ENTRANCE	['entrəns]
UITGANG	EXIT	['eksɪt]

DUWEN	PUSH	[pʊʃ]
TREKKEN	PULL	[pʊl]
OPEN	OPEN	['əʊpən]
GESLOTEN	CLOSED	[kləʊzd]

| DAMES | WOMEN | ['wɪmɪn] |
| HEREN | MEN | ['men] |

KORTING	DISCOUNTS	['dɪskaʊnts]
UITVERKOOP	SALE	[seɪl]
NIEUW!	NEW!	[nju:]
GRATIS	FREE	[fri:]

PAS OP!	ATTENTION!	[ə'tenʃən]
VOLGEBOEKT	NO VACANCIES	[nəʊ 'veɪkənsɪz]
GERESERVEERD	RESERVED	[rɪ'zɜ:vd]

| ADMINISTRATIE | ADMINISTRATION | [ədˌmɪnɪ'streɪʃən] |
| ALLEEN VOOR PERSONEEL | STAFF ONLY | [stɑ:f 'əʊnlɪ] |

GEVAARLIJKE HOND	BEWARE OF THE DOG!	[bɪ'weə əv ðə ˌdɒg]
VERBODEN TE ROKEN!	NO SMOKING	[nəʊ 'sməʊkɪŋ]
NIET AANRAKEN!	DO NOT TOUCH!	[də nɒt 'tʌtʃ]

GEVAARLIJK	DANGEROUS	['deɪndʒərəs]
GEVAAR	DANGER	['deɪndʒə(r)]
HOOGSPANNING	HIGH TENSION	[haɪ 'tenʃən]
VERBODEN TE ZWEMMEN	NO SWIMMING!	[nəʊ 'swɪmɪŋ]
BUITEN GEBRUIK	OUT OF ORDER	[ˌaʊt əv 'ɔ:də(r)]

ONTVLAMBAAR	FLAMMABLE	['flæməbəl]
VERBODEN	FORBIDDEN	[fə'bɪdən]
DOORGANG VERBODEN	NO TRESPASSING!	[nəʊ 'trespəsɪŋ]
OPGELET PAS GEVERFD	WET PAINT	[wet peɪnt]

56. Stedelijk vervoer

bus, autobus (de)	bus	[bʌs]
tram (de)	streetcar	['stri:tkɑ:(r)]
trolleybus (de)	trolley	['trɒlɪ]
route (de)	route	[raʊt]
nummer (busnummer, enz.)	number	['nʌmbə(r)]

rijden met ...	to go by ...	[tə gəʊ baɪ]
stappen (in de bus ~)	to get on	[tə get ɒn]
afstappen (ww)	to get off ...	[tə get ɒf]
halte (de)	stop	[stɒp]
volgende halte (de)	next stop	[ˌnekst 'stɒp]

eindpunt (het)	terminus	[ˈtɜːmɪnəs]
dienstregeling (de)	schedule	[ˈskedʒʊl]
wachten (ww)	to wait (vt)	[tə weɪt]
kaartje (het)	ticket	[ˈtɪkɪt]
reiskosten (de)	fare	[feə(r)]
kassier (de)	cashier	[kæˈʃɪə(r)]
kaartcontrole (de)	ticket inspection	[ˈtɪkɪt ɪnˈspekʃən]
controleur (de)	conductor	[kənˈdʌktə(r)]
te laat zijn (ww)	to be late	[tə bi ˈleɪt]
zich haasten (ww)	to be in a hurry	[tə bi ɪn ə ˈhʌri]
taxi (de)	taxi, cab	[ˈtæksɪ], [kæb]
taxichauffeur (de)	taxi driver	[ˈtæksɪ ˈdraɪvə(r)]
met de taxi (bw)	by taxi	[baɪ ˈtæksɪ]
taxistandplaats (de)	taxi stand	[ˈtæksɪ stænd]
een taxi bestellen	to call a taxi	[tə kɔːl ə ˈtæksɪ]
een taxi nemen	to take a taxi	[tə ˌteɪk ə ˈtæksɪ]
verkeer (het)	traffic	[ˈtræfɪk]
file (de)	traffic jam	[ˈtræfɪk dʒæm]
spitsuur (het)	rush hour	[ˈrʌʃ ˌaʊə(r)]
parkeren (on.ww.)	to park (vi)	[tə pɑːk]
parkeren (ov.ww.)	to park (vt)	[tə pɑːk]
parking (de)	parking lot	[ˈpɑːkɪŋ lɒt]
metro (de)	subway	[ˈsʌbweɪ]
halte (bijv. kleine treinhalte)	station	[ˈsteɪʃən]
de metro nemen	to take the subway	[tə ˌteɪk ðə ˈsʌbweɪ]
trein (de)	train	[treɪn]
station (treinstation)	train station	[treɪn ˈsteɪʃən]

57. Bezienswaardigheden

monument (het)	monument	[ˈmɒnjʊmənt]
vesting (de)	fortress	[ˈfɔːtrɪs]
paleis (het)	palace	[ˈpælɪs]
kasteel (het)	castle	[ˈkɑːsəl]
toren (de)	tower	[ˈtaʊə(r)]
mausoleum (het)	mausoleum	[ˌmɔːzəˈlɪəm]
architectuur (de)	architecture	[ˈɑːkɪtektʃə(r)]
middeleeuws (bn)	medieval	[ˌmedɪˈiːvəl]
oud (bn)	ancient	[ˈeɪnʃənt]
nationaal (bn)	national	[ˈnæʃənəl]
bekend (bn)	well-known	[welˈnəʊn]
toerist (de)	tourist	[ˈtʊərɪst]
gids (de)	guide	[gaɪd]
rondleiding (de)	excursion	[ɪkˈskɜːʃən]
tonen (ww)	to show (vt)	[tə ʃəʊ]
vertellen (ww)	to tell (vt)	[tə tel]

vinden (ww)	to find (vt)	[tə faɪnd]
verdwalen (de weg kwijt zijn)	to get lost	[tə get lɒst]
plattegrond (~ van de metro)	map	[mæp]
plattegrond (~ van de stad)	map	[mæp]
souvenir (het)	souvenir, gift	[ˌsuːvəˈnɪə], [gɪft]
souvenirwinkel (de)	gift shop	[ˈgɪftˌʃɒp]
een foto maken (ww)	to take pictures	[tə ˌteɪk ˈpɪktʃəz]

58. Winkelen

kopen (ww)	to buy (vt)	[tə baɪ]
aankoop (de)	purchase	[ˈpɜːtʃəs]
winkelen (ww)	to go shopping	[tə gəʊ ˈʃɒpɪŋ]
winkelen (het)	shopping	[ˈʃɒpɪŋ]
open zijn (ov. een winkel, enz.)	to be open	[tə bi ˈəʊpən]
gesloten zijn (ww)	to be closed	[tə bi kləʊzd]
schoeisel (het)	footwear	[ˈfʊtweə(r)]
kleren (mv.)	clothes, clothing	[kləʊðz], [ˈkləʊðɪŋ]
cosmetica (de)	cosmetics	[kɒzˈmetɪks]
voedingswaren (mv.)	food products	[fuːd ˈprɒdʌkts]
geschenk (het)	gift, present	[gɪft], [ˈprezənt]
verkoper (de)	salesman	[ˈseɪlzmən]
verkoopster (de)	saleswoman	[ˈseɪlzˌwʊmən]
kassa (de)	check out, cash desk	[tʃek aʊt], [kæʃ desk]
spiegel (de)	mirror	[ˈmɪrə(r)]
toonbank (de)	counter	[ˈkaʊntə(r)]
paskamer (de)	fitting room	[ˈfɪtɪŋ ˌrum]
aanpassen (ww)	to try on (vt)	[tə ˌtraɪ ˈɒn]
passen (ov. kleren)	to fit (vt)	[tə fɪt]
bevallen (prettig vinden)	to like (vt)	[tə laɪk]
prijs (de)	price	[praɪs]
prijskaartje (het)	price tag	[ˈpraɪs tæg]
kosten (ww)	to cost (vt)	[tə kɒst]
Hoeveel?	How much?	[ˌhaʊ ˈmʌtʃ]
korting (de)	discount	[ˈdɪskaʊnt]
niet duur (bn)	inexpensive	[ˌɪnɪkˈspensɪv]
goedkoop (bn)	cheap	[tʃiːp]
duur (bn)	expensive	[ɪkˈspensɪv]
Dat is duur.	It's expensive	[ɪts ɪkˈspensɪv]
verhuur (de)	rental	[ˈrentəl]
huren (smoking, enz.)	to rent (vt)	[tə rent]
krediet (het)	credit	[ˈkredɪt]
op krediet (bw)	on credit	[ɒn ˈkredɪt]

59. Geld

geld (het)	money	['mʌnɪ]
ruil (de)	currency exchange	['kʌrənsɪ ɪks'tʃeɪndʒ]
koers (de)	exchange rate	[ɪks'tʃeɪndʒ reɪt]
geldautomaat (de)	ATM	[ˌeɪtiː'em]
muntstuk (de)	coin	[kɔɪn]
dollar (de)	dollar	['dɒlə(r)]
euro (de)	euro	['jʊərəʊ]
lire (de)	lira	['lɪərə]
Duitse mark (de)	Deutschmark	['dɔɪtʃmɑːk]
frank (de)	franc	[fræŋk]
pond sterling (het)	pound sterling	[paʊnd 'stɜːlɪŋ]
yen (de)	yen	[jen]
schuld (geldbedrag)	debt	[det]
schuldenaar (de)	debtor	['detə(r)]
uitlenen (ww)	to lend (vt)	[tə lend]
lenen (geld ~)	to borrow (vt)	[tə 'bɒrəʊ]
bank (de)	bank	[bæŋk]
bankrekening (de)	account	[ə'kaʊnt]
storten (ww)	to deposit (vt)	[tə dɪ'pɒzɪt]
kredietkaart (de)	credit card	['kredɪt kɑːd]
baar geld (het)	cash	[kæʃ]
cheque (de)	check	[tʃek]
een cheque uitschrijven	to write a check	[tə ˌraɪt ə 'tʃek]
chequeboekje (het)	checkbook	['tʃekˌbʊk]
portefeuille (de)	wallet	['wɒlɪt]
geldbeugel (de)	change purse	[tʃeɪndʒ pɜːs]
safe (de)	safe	[seɪf]
erfgenaam (de)	heir	[eə(r)]
erfenis (de)	inheritance	[ɪn'herɪtəns]
fortuin (het)	fortune	['fɔːtʃuːn]
huur (de)	lease, rent	[liːs], [rent]
huurprijs (de)	rent	[rent]
huren (huis, kamer)	to rent (vt)	[tə rent]
prijs (de)	price	[praɪs]
kostprijs (de)	cost	[kɒst]
som (de)	sum	[sʌm]
kosten (mv.)	expenses	[ɪk'spensɪz]
bezuinigen (ww)	to economize (vi, vt)	[tə ɪ'kɒnəmaɪz]
zuinig (bn)	economical	[ˌiːkə'nɒmɪkəl]
betalen (ww)	to pay (vi, vt)	[tə peɪ]
betaling (de)	payment	['peɪmənt]
wisselgeld (het)	change	[tʃeɪndʒ]

belasting (de)	tax	[tæks]
boete (de)	fine	[faın]
beboeten (bekeuren)	to fine (vt)	[tə faın]

60. Post. Postkantoor

postkantoor (het)	post office	[pəʊst 'ɒfıs]
post (de)	mail	[meıl]
postbode (de)	mailman	['meılmən]
openingsuren (mv.)	opening hours	['əʊpənıŋ ˌaʊəz]
brief (de)	letter	['letə(r)]
aangetekende brief (de)	registered letter	['redʒıstəd 'letə(r)]
briefkaart (de)	postcard	['pəʊstkɑːd]
telegram (het)	telegram	['telıgræm]
postpakket (het)	parcel	['pɑːsəl]
overschrijving (de)	money transfer	['mʌnı trænsˈfɜː(r)]
ontvangen (ww)	to receive (vt)	[tə rıˈsiːv]
sturen (zenden)	to send (vt)	[tə send]
verzending (de)	sending	['sendıŋ]
adres (het)	address	[əˈdres]
postcode (de)	ZIP code	['zıp ˌkəʊd]
verzender (de)	sender	['sendə(r)]
ontvanger (de)	receiver	[rıˈsiːvə(r)]
naam (de)	name	[neım]
achternaam (de)	family name	['fæmlı ˌneım]
tarief (het)	rate	[reıt]
standaard (bn)	standard	['stændəd]
zuinig (bn)	economical	[ˌiːkəˈnɒmıkəl]
gewicht (het)	weight	[weıt]
afwegen (op de weegschaal)	to weigh up (vt)	[tə weıt ˈʌp]
envelop (de)	envelope	['envələʊp]
postzegel (de)	postage stamp	['pəʊstıdʒ ˌstæmp]
een postzegel plakken op	to stamp an envelope	[tə stæmp ən 'envələʊp]

Woning. Huis. Thuis

61. Huis. Elektriciteit

elektriciteit (de)	electricity	[ˌɪlek'trɪsətɪ]
lamp (de)	light bulb	['laɪt ˌbʌlb]
schakelaar (de)	switch	[swɪtʃ]
zekering (de)	fuze, fuse	[fju:z]
draad (de)	cable, wire	['keɪbəl], ['waɪə]
bedrading (de)	wiring	['waɪərɪŋ]
elektriciteitsmeter (de)	electricity meter	[ˌɪlek'trɪsətɪ 'mi:tə(r)]
gegevens (mv.)	readings	['ri:dɪŋz]

62. Villa. Herenhuis

landhuisje (het)	country house	['kʌntrɪ haʊs]
villa (de)	villa	['vɪlə]
vleugel (de)	wing	[wɪŋ]
tuin (de)	garden	['gɑ:dən]
park (het)	park	[pɑ:k]
oranjerie (de)	tropical greenhouse	['trɒpɪkəl 'gri:nhaʊs]
onderhouden (tuin, enz.)	to look after	[tə ˌlʊk 'ɑ:ftə(r)]
zwembad (het)	swimming pool	['swɪmɪŋ pu:l]
gym (het)	gym	[dʒɪm]
tennisveld (het)	tennis court	['tenɪs kɔ:t]
bioscoopkamer (de)	home theater room	[həʊm 'θɪətə rʊm]
garage (de)	garage	[gə'rɑ:ʒ]
privé-eigendom (het)	private property	['praɪvɪt 'prɒpətɪ]
eigen terrein (het)	private land	['praɪvɪt lænd]
waarschuwing (de)	warning	['wɔ:nɪŋ]
waarschuwingsbord (het)	warning sign	['wɔ:nɪŋ saɪn]
bewaking (de)	security	[sɪ'kjʊərətɪ]
bewaker (de)	security guard	[sɪ'kjʊərətɪ gɑ:d]
inbraakalarm (het)	burglar alarm	['bɜ:glə ə'lɑ:m]

63. Appartement

appartement (het)	apartment	[ə'pɑ:tmənt]
kamer (de)	room	[rʊ:m]
slaapkamer (de)	bedroom	['bedrʊm]

eetkamer (de)	dining room	[ˈdaɪnɪŋ ruːm]
salon (de)	living room	[ˈlɪvɪŋ ruːm]
studeerkamer (de)	study	[ˈstʌdɪ]
gang (de)	entry room	[ˈentrɪ ruːm]
badkamer (de)	bathroom	[ˈbɑːθrʊm]
toilet (het)	half bath	[hɑːf bɑːθ]
plafond (het)	ceiling	[ˈsiːlɪŋ]
vloer (de)	floor	[flɔː(r)]
hoek (de)	corner	[ˈkɔːnə(r)]

64. Meubels. Interieur

meubels (mv.)	furniture	[ˈfɜːnɪtʃə(r)]
tafel (de)	table	[ˈteɪbəl]
stoel (de)	chair	[tʃeə(r)]
bed (het)	bed	[bed]
bankstel (het)	couch, sofa	[kaʊtʃ], [ˈsəʊfə]
fauteuil (de)	armchair	[ˈɑːmtʃeə(r)]
boekenkast (de)	bookcase	[ˈbʊkkeɪs]
boekenrek (het)	shelf	[ʃelf]
stellingkast (de)	set of shelves	[set əv ʃelvz]
kledingkast (de)	wardrobe	[ˈwɔːdrəʊb]
kapstok (de)	coat rack	[ˈkəʊt ˌræk]
staande kapstok (de)	coat stand	[ˈkəʊt stænd]
commode (de)	dresser	[ˈdresə(r)]
salontafeltje (het)	coffee table	[ˈkɒfɪ ˈteɪbəl]
spiegel (de)	mirror	[ˈmɪrə(r)]
tapijt (het)	carpet	[ˈkɑːpɪt]
tapijtje (het)	rug, small carpet	[rʌg], [smɔːl ˈkɑːpɪt]
haard (de)	fireplace	[ˈfaɪəpleɪs]
kaars (de)	candle	[ˈkændəl]
kandelaar (de)	candlestick	[ˈkændəlstɪk]
gordijnen (mv.)	drapes	[dreɪps]
behang (het)	wallpaper	[ˈwɔːlˌpeɪpə(r)]
jaloezie (de)	blinds	[blaɪndz]
bureaulamp (de)	table lamp	[ˈteɪbəl læmp]
staande lamp (de)	floor lamp	[flɔː læmp]
luchter (de)	chandelier	[ˌʃændəˈlɪə(r)]
poot (ov. een tafel, enz.)	leg	[leg]
armleuning (de)	armrest	[ˈɑːmrest]
rugleuning (de)	back	[bæk]
la (de)	drawer	[drɔː(r)]

65. Beddengoed

beddengoed (het)	bedclothes	[ˈbedkləʊðz]
kussen (het)	pillow	[ˈpɪləʊ]
kussenovertrek (de)	pillowcase	[ˈpɪləʊkeɪs]
deken (de)	blanket	[ˈblæŋkɪt]
laken (het)	sheet	[ʃiːt]
sprei (de)	bedspread	[ˈbedspred]

66. Keuken

keuken (de)	kitchen	[ˈkɪtʃɪn]
gas (het)	gas	[gæs]
gasfornuis (het)	gas cooker	[gæs ˈkʊkə(r)]
elektrisch fornuis (het)	electric cooker	[ɪˈlektrɪk ˈkʊkə(r)]
oven (de)	oven	[ˈʌvən]
magnetronoven (de)	microwave oven	[ˈmaɪkrəweɪv ˈʌvən]
koelkast (de)	fridge	[frɪdʒ]
diepvriezer (de)	freezer	[ˈfriːzə(r)]
vaatwasmachine (de)	dishwasher	[ˈdɪʃˌwɒʃə(r)]
vleesmolen (de)	meat grinder	[miːt ˈgraɪndə(r)]
vruchtenpers (de)	juicer	[ˈdʒuːsə]
toaster (de)	toaster	[ˈtəʊstə(r)]
mixer (de)	mixer	[ˈmɪksə(r)]
koffiemachine (de)	coffee maker	[ˈkɒfɪ ˈmeɪkə(r)]
koffiepot (de)	coffee pot	[ˈkɒfɪ pɒt]
koffiemolen (de)	coffee grinder	[ˈkɒfɪ ˈgraɪndə(r)]
fluitketel (de)	kettle	[ˈketəl]
theepot (de)	teapot	[ˈtiːpɒt]
deksel (de/het)	lid	[lɪd]
theezeefje (het)	tea strainer	[tiː ˈstreɪnə(r)]
lepel (de)	spoon	[spuːn]
theelepeltje (het)	teaspoon	[ˈtiːspuːn]
eetlepel (de)	tablespoon	[ˈteɪbəlspuːn]
vork (de)	fork	[fɔːk]
mes (het)	knife	[naɪf]
vaatwerk (het)	tableware	[ˈteɪbəlweə(r)]
bord (het)	plate	[pleɪt]
schoteltje (het)	saucer	[ˈsɔːsə(r)]
likeurglas (het)	shot glass	[ʃɒt glɑːs]
glas (het)	glass	[glɑːs]
kopje (het)	cup	[kʌp]
suikerpot (de)	sugar bowl	[ˈʃʊgə ˌbəʊl]
zoutvat (het)	salt shaker	[sɒlt ˈʃeɪkə]
pepervat (het)	pepper shaker	[ˈpepə ˈʃeɪkə]

boterschaaltje (het)	butter dish	[ˈbʌtə dɪʃ]
steelpan (de)	saucepan	[ˈsɔːspən]
bakpan (de)	frying pan	[ˈfraɪɪŋ pæn]
pollepel (de)	ladle	[ˈleɪdəl]
vergiet (de/het)	colander	[ˈkʌləndə(r)]
dienblad (het)	tray	[treɪ]
fles (de)	bottle	[ˈbɒtəl]
glazen pot (de)	jar	[dʒɑː(r)]
blik (conserven~)	can	[kæn]
flesopener (de)	bottle opener	[ˈbɒtəl ˈəʊpənə(r)]
blikopener (de)	can opener	[kæn ˈəʊpənə(r)]
kurkentrekker (de)	corkscrew	[ˈkɔːkskruː]
filter (de/het)	filter	[ˈfɪltə(r)]
filteren (ww)	to filter (vt)	[tə ˈfɪltə(r)]
huisvuil (het)	trash	[træʃ]
vuilnisemmer (de)	trash can	[ˈtræʃkæn]

67. Badkamer

badkamer (de)	bathroom	[ˈbɑːθrʊm]
water (het)	water	[ˈwɔːtə(r)]
kraan (de)	tap, faucet	[tæp], [ˈfɔːsɪt]
warm water (het)	hot water	[hɒt ˈwɔːtə(r)]
koud water (het)	cold water	[ˌkəʊld ˈwɔːtə(r)]
tandpasta (de)	toothpaste	[ˈtuːθpeɪst]
tanden poetsen (ww)	to brush one's teeth	[tə brʌʃ wʌns ˈtiːθ]
zich scheren (ww)	to shave (vi)	[tə ʃeɪv]
scheercrème (de)	shaving foam	[ˈʃeɪvɪŋ fəʊm]
scheermes (het)	razor	[ˈreɪzə(r)]
wassen (ww)	to wash (vt)	[tə wɒʃ]
een bad nemen	to take a bath	[tə teɪk ə bɑːθ]
douche (de)	shower	[ˈʃaʊə(r)]
een douche nemen	to take a shower	[tə teɪk ə ˈʃaʊə(r)]
bad (het)	bathtub	[ˈbɑːθtʌb]
toiletpot (de)	toilet	[ˈtɔɪlɪt]
wastafel (de)	sink, washbasin	[sɪŋk], [ˈwɒʃˌbeɪsən]
zeep (de)	soap	[səʊp]
zeepbakje (het)	soap dish	[ˈsəʊpdɪʃ]
spons (de)	sponge	[spʌndʒ]
shampoo (de)	shampoo	[ʃæmˈpuː]
handdoek (de)	towel	[ˈtaʊəl]
badjas (de)	bathrobe	[ˈbɑːθrəʊb]
was (bijv. handwas)	laundry	[ˈlɔːndrɪ]
wasmachine (de)	washing machine	[ˈwɒʃɪŋ məˈʃiːn]

de was doen	to do the laundry	[tə du: ðə 'lɔ:ndrɪ]
waspoeder (de)	laundry detergent	['lɔ:ndrɪ dɪ'tɜ:dʒənt]

68. Huishoudelijke apparaten

televisie (de)	TV set	[ˌti:'vi: set]
cassettespeler (de)	tape recorder	[teɪp rɪ'kɔ:də(r)]
videorecorder (de)	video, VCR	['vɪdɪəʊ], [ˌvi:si:'ɑ:(r)]
radio (de)	radio	['reɪdɪəʊ]
speler (de)	player	['pleɪə(r)]
videoprojector (de)	video projector	['vɪdɪəʊ prə'dʒektə(r)]
home theater systeem (het)	home movie theater	[həʊm 'mu:vɪ 'θɪətə(r)]
DVD-speler (de)	DVD player	[ˌdi:vi:'di: 'pleɪə(r)]
versterker (de)	amplifier	['æmplɪfaɪə]
spelconsole (de)	video game console	['vɪdɪəʊ geɪm 'kɒnsəʊl]
videocamera (de)	video camera	['vɪdɪəʊ 'kæmərə]
fotocamera (de)	camera	['kæmərə]
digitale camera (de)	digital camera	['dɪdʒɪtəl 'kæmərə]
stofzuiger (de)	vacuum cleaner	['vækjʊəm 'kli:nə(r)]
strijkijzer (het)	iron	['aɪrən]
strijkplank (de)	ironing board	['aɪrənɪŋ bɔ:d]
telefoon (de)	telephone	['telɪfəʊn]
mobieltje (het)	mobile phone	['məʊbaɪl fəʊn]
schrijfmachine (de)	typewriter	['taɪpˌraɪtə(r)]
naaimachine (de)	sewing machine	['səʊɪŋ mə'ʃi:n]
microfoon (de)	microphone	['maɪkrəfəʊn]
koptelefoon (de)	headphones	['hedfəʊnz]
afstandsbediening (de)	remote control	[rɪ'məʊt kən'trəʊl]
CD (de)	CD, compact disc	[ˌsi:'di:], [kəm'pækt dɪsk]
cassette (de)	cassette	[kæ'set]
vinylplaat (de)	vinyl record	['vaɪnɪl 'rekɔ:d]

MENSELIJKE ACTIVITEITEN

Baan. Business. Deel 1

69. Kantoor. Op kantoor werken

kantoor (het)	office	['ɒfɪs]
kamer (de)	office	['ɒfɪs]
secretaris (de)	secretary	['sekrətərɪ]
directeur (de)	director	[dɪ'rektə(r)]
manager (de)	manager	['mænɪdʒə(r)]
boekhouder (de)	accountant	[ə'kaʊntənt]
werknemer (de)	employee	[ɪm'plɔɪi:]
meubilair (het)	furniture	['fɜ:nɪtʃə(r)]
tafel (de)	desk	[desk]
bureaustoel (de)	desk chair	[desk ʃeə(r)]
ladeblok (het)	chest of drawers	[ˌtʃest əv 'drɔ:z]
kapstok (de)	coat stand	['kəʊt stænd]
computer (de)	computer	[kəm'pju:tə(r)]
printer (de)	printer	['prɪntə(r)]
fax (de)	fax machine	[fæks mə'ʃi:n]
kopieerapparaat (het)	photocopier	['fəʊtəʊˌkɒpɪə]
papier (het)	paper	['peɪpə(r)]
kantoorartikelen (mv.)	office supplies	['ɒfɪs sə'plaɪs]
muismat (de)	mouse pad	[maʊs pæd]
blad (het)	sheet of paper	[ʃi:t əv 'peɪpə]
catalogus (de)	catalog	['kætəlɒg]
telefoongids (de)	phone book	[fəʊn bʊk]
documentatie (de)	documentation	[ˌdɒkjʊmen'teɪʃən]
brochure (de)	brochure	[brəʊ'ʃʊr]
flyer (de)	leaflet	['li:flɪt]
monster (het), staal (de)	sample	['sɑ:mpəl]
training (de)	training meeting	['treɪnɪŋ 'mi:tɪŋ]
vergadering (de)	meeting	['mi:tɪŋ]
lunchpauze (de)	lunch time	['lʌntʃ ˌtaɪm]
een kopie maken	to make a copy	[tə meɪk ə 'kɒpɪ]
de kopieën maken	to make multiple copies	[tə meɪk 'mʌltɪpəl 'kɒpɪs]
een fax ontvangen	to receive a fax	[tə rɪ'si:v ə 'fæks]
een fax versturen	to send a fax	[tə ˌsend ə 'fæks]
opbellen (ww)	to call (vi, vt)	[tə kɔ:l]
antwoorden (ww)	to answer (vi, vt)	[tə 'ɑ:nsə(r)]

doorverbinden (ww)	to put through	[tə pʊt θruː]
afspreken (ww)	to arrange (vt)	[tə əˈreɪndʒ]
demonstreren (ww)	to demonstrate (vt)	[tə ˈdemənstreɪt]
absent zijn (ww)	to be absent	[tə bi ˈæbsənt]
afwezigheid (de)	absence	[ˈæbsəns]

70. Bedrijfsprocessen. Deel 1

bedrijf (business)	business	[ˈbɪznɪs]
firma (de)	firm	[fɜːm]
bedrijf (maatschap)	company	[ˈkʌmpəni]
corporatie (de)	corporation	[ˌkɔːpəˈreɪʃən]
onderneming (de)	enterprise	[ˈentəpraɪz]
agentschap (het)	agency	[ˈeɪdʒənsi]

overeenkomst (de)	agreement	[əˈgriːmənt]
contract (het)	contract	[ˈkɒntrækt]
transactie (de)	deal	[diːl]
bestelling (de)	order, command	[ˈɔːdə(r)], [kəˈmɑːnd]
voorwaarde (de)	term	[tɜːm]

in het groot (bw)	wholesale	[ˈhəʊlseɪl]
groothandels- (abn)	wholesale	[ˈhəʊlseɪl]
groothandel (de)	wholesale	[ˈhəʊlseɪl]
kleinhandels- (abn)	retail	[ˈriːteɪl]
kleinhandel (de)	retail	[ˈriːteɪl]

concurrent (de)	competitor	[kəmˈpetɪtə(r)]
concurrentie (de)	competition	[ˌkɒmpɪˈtɪʃən]
concurreren (ww)	to compete (vi)	[tə kəmˈpiːt]

| partner (de) | partner, associate | [ˈpɑːtnə(r)], [əˈsəʊʃiət] |
| partnerschap (het) | partnership | [ˈpɑːtnəʃɪp] |

crisis (de)	crisis	[ˈkraɪsɪs]
bankroet (het)	bankruptcy	[ˈbæŋkrʌptsi]
bankroet gaan (ww)	to go bankrupt	[tə gəʊ ˈbæŋkrʌpt]
moeilijkheid (de)	difficulty	[ˈdɪfɪkəlti]
probleem (het)	problem	[ˈprɒbləm]
catastrofe (de)	catastrophe	[kəˈtæstrəfi]

economie (de)	economy	[ɪˈkɒnəmi]
economisch (bn)	economic	[ˌiːkəˈnɒmɪk]
economische recessie (de)	economic recession	[ˌiːkəˈnɒmɪk rɪˈseʃən]

| doel (het) | goal | [gəʊl] |
| taak (de) | task | [tɑːsk] |

handelen (handel drijven)	to trade (vi)	[tə treɪd]
netwerk (het)	network	[ˈnetwɜːk]
voorraad (de)	inventory, stock	[ˈɪnvəntəri], [stɒk]
assortiment (het)	assortment	[əˈsɔːtmənt]
leider (de)	leader	[ˈliːdə(r)]
groot (bn)	big, large	[bɪg], [lɑːdʒ]

monopolie (het)	monopoly	[mə'nɒpəlı]
theorie (de)	theory	['θıərı]
praktijk (de)	practice	['præktıs]
ervaring (de)	experience	[ık'spıərıəns]
tendentie (de)	trend	[trend]
ontwikkeling (de)	development	[dı'veləpmənt]

71. Bedrijfsprocessen. Deel 2

| voordeel (het) | benefit, profit | ['benıfıt], ['prɒfıt] |
| voordelig (bn) | profitable | ['prɒfıtəbəl] |

delegatie (de)	delegation	[,delı'geıʃən]
salaris (het)	salary	['sælərı]
corrigeren (fouten ~)	to correct (vt)	[tə kə'rekt]
zakenreis (de)	business trip	['bıznıs trıp]
commissie (de)	commission	[kə'mıʃən]

controleren (ww)	to control (vt)	[tə kən'trəʊl]
conferentie (de)	conference	['kɒnfərəns]
licentie (de)	license	['laısəns]
betrouwbaar (partner, enz.)	reliable	[rı'laıəbəl]

aanzet (de)	initiative	[ı'nıʃətıv]
norm (bijv. ~ stellen)	norm	[nɔ:m]
omstandigheid (de)	circumstance	['sɜ:kəmstəns]
taak, plicht (de)	duty	['dju:tı]

organisatie (bedrijf, zaak)	organization	[,ɔ:gənaı'zeıʃən]
organisatie (proces)	organization	[,ɔ:gənaı'zeıʃən]
georganiseerd (bn)	organized	['ɔ:gənaızd]
afzegging (de)	cancellation	[,kænsə'leıʃən]
afzeggen (ww)	to cancel (vt)	[tə 'kænsəl]
verslag (het)	report	[rı'pɔ:t]

patent (het)	patent	['pætənt]
patenteren (ww)	to patent (vt)	[tə 'pætənt]
plannen (ww)	to plan (vt)	[tə plæn]

premie (de)	bonus	['bəʊnəs]
professioneel (bn)	professional	[prə'feʃənəl]
procedure (de)	procedure	[prə'si:dʒə(r)]

onderzoeken (contract, enz.)	to examine (vt)	[tə ıg'zæmın]
berekening (de)	calculation	[,kælkjʊ'leıʃən]
reputatie (de)	reputation	[,repjʊ'teıʃən]
risico (het)	risk	[rısk]

beheren (managen)	to manage (vt)	[tə 'mænıdʒ]
informatie (de)	information	[,ınfə'meıʃən]
eigendom (bezit)	property	['prɒpətı]
unie (de)	union	['ju:nıən]
levensverzekering (de)	life insurance	[laıf ın'ʃʊə:rəns]
verzekeren (ww)	to insure (vt)	[tu ın'ʃʊə:(r)]

verzekering (de)	insurance	[ɪn'ʃuə:rəns]
veiling (de)	auction	['ɔ:kʃən]
verwittigen (ww)	to notify (vt)	[tə 'nəʊtɪfaɪ]
beheer (het)	management	['mænɪdʒmənt]
dienst (de)	service	['sɜ:vɪs]
forum (het)	forum	['fɔ:rəm]
functioneren (ww)	to function (vi)	[tə 'fʌŋkʃən]
stap, etappe (de)	stage	[steɪdʒ]
juridisch (bn)	legal	['li:gəl]
jurist (de)	lawyer	['lɔ:jə(r)]

72. Productie. Werken

industriële installatie (fabriek)	plant	[plɑ:nt]
fabriek (de)	factory	['fæktərɪ]
werkplaatsruimte (de)	workshop	['wɜ:kʃɒp]
productielocatie (de)	production site	[prə'dʌkʃən saɪt]
industrie (de)	industry	['ɪndʌstrɪ]
industrieel (bn)	industrial	[ɪn'dʌstrɪəl]
zware industrie (de)	heavy industry	['hevɪ 'ɪndʌstrɪ]
lichte industrie (de)	light industry	[laɪt 'ɪndʌstrɪ]
productie (de)	products	['prɒdʌkts]
produceren (ww)	to produce (vt)	[tə prə'dju:s]
grondstof (de)	raw materials	[rɔ: mə'tɪərɪəlz]
voorman, ploegbaas (de)	foreman	['fɔ:mən]
ploeg (de)	workers team	['wɜ:kəz ti:m]
arbeider (de)	worker	['wɜ:kə(r)]
werkdag (de)	working day	['wɜ:kɪŋ deɪ]
pauze (de)	pause, break	[pɔ:z], [breɪk]
samenkomst (de)	meeting	['mi:tɪŋ]
bespreken (spreken over)	to discuss (vt)	[tə dɪs'kʌs]
plan (het)	plan	[plæn]
het plan uitvoeren	to fulfill the plan	[tə fʊl'fɪl ðə plæn]
productienorm (de)	rate of output	[reɪt əv 'aʊtpʊt]
kwaliteit (de)	quality	['kwɒlɪtɪ]
controle (de)	checking	['tʃekɪŋ]
kwaliteitscontrole (de)	quality control	['kwɒlɪtɪ kən'trəʊl]
arbeidsveiligheid (de)	work safety	[wɜ:k 'seɪftɪ]
discipline (de)	discipline	['dɪsɪplɪn]
overtreding (de)	violation	[ˌvaɪə'leɪʃən]
overtreden (ww)	to violate (vt)	[tə'vaɪəleɪt]
staking (de)	strike	[straɪk]
staker (de)	striker	['straɪkə(r)]
staken (ww)	to be on strike	[tə bi ɒn straɪk]
vakbond (de)	labor union	['leɪbə 'ju:nɪən]
uitvinden (machine, enz.)	to invent (vt)	[tə ɪn'vent]

uitvinding (de)	invention	[ɪn'venʃən]
onderzoek (het)	research	[rɪ'sɜːtʃ]
verbeteren (beter maken)	to improve (vt)	[tu ɪm'pruːv]
technologie (de)	technology	[tek'nɒlədʒɪ]
technische tekening (de)	technical drawing	['teknɪkəl 'drɔːɪŋ]
vracht (de)	load, cargo	[ləʊd], ['kɑːgəʊ]
lader (de)	loader	['ləʊdə(r)]
laden (vrachtwagen)	to load (vt)	[tə ləʊd]
laden (het)	loading	['ləʊdɪŋ]
lossen (ww)	to unload (vi, vt)	[tə ˌʌn'ləʊd]
lossen (het)	unloading	[ˌʌn'ləʊdɪŋ]
transport (het)	transportation	[ˌtrænspɔː'teɪʃən]
transportbedrijf (de)	transportation company	[ˌtrænspɔː'teɪʃən 'kʌmpənɪ]
transporteren (ww)	to transport (vt)	[tə træn'spɔːt]
goederenwagon (de)	freight car	[freɪt kɑː(r)]
tank (bijv. ketelwagen)	cistern	['sɪstən]
vrachtwagen (de)	truck	[trʌk]
machine (de)	machine tool	[mə'ʃiːn tuːl]
mechanisme (het)	mechanism	['mekənɪzəm]
industrieel afval (het)	industrial waste	[ɪn'dʌstrɪəl weɪst]
verpakking (de)	packing	['pækɪŋ]
verpakken (ww)	to pack (vt)	[tə pæk]

73. Contract. Overeenstemming.

contract (het)	contract	['kɒntrækt]
overeenkomst (de)	agreement	[ə'griːmənt]
bijlage (de)	addendum	[ə'dendəm]
een contract sluiten	to sign a contract	[tə saɪn ə 'kɒntrækt]
handtekening (de)	signature	['sɪgnətʃə(r)]
ondertekenen (ww)	to sign (vt)	[tə saɪn]
stempel (de)	stamp, seal	[stæmp], [siːl]
voorwerp (het) van de overeenkomst	subject of contract	['sʌbdʒɪkt əv 'kɒntrækt]
clausule (de)	clause	[klɔːz]
partijen (mv.)	parties	['pɑːtɪz]
vestigingsadres (het)	legal address	['liːgəl ə'dres]
het contract verbreken (overtreden)	to break the contract	[tə breɪk ðə 'kɒntrækt]
verplichting (de)	commitment	[kə'mɪtmənt]
verantwoordelijkheid (de)	responsibility	[rɪˌspɒnsə'bɪlɪtɪ]
overmacht (de)	force majeure	[fɔːs mæ'ʒɜː]
geschil (het)	dispute	[dɪ'spjuːt]
sancties (mv.)	penalties	['penəltɪz]

74. Import & Export

import (de)	import	['ɪmpɔːt]
importeur (de)	importer	[ɪm'pɔːtə(r)]
importeren (ww)	to import (vt)	[tə ɪm'pɔːt]
import- (abn)	import	['ɪmpɔːt]

uitvoer (export)	export	['ekspɔːt]
exporteur (de)	exporter	[ek'spɔːtə(r)]
exporteren (ww)	to export (vi, vt)	[tə ɪk'spɔːt]
uitvoer- (bijv., ~goederen)	export	['ekspɔːt]

goederen (mv.)	goods	[gʊdz]
partij (de)	consignment, lot	[ˌkən'saɪnmənt], [lɒt]

gewicht (het)	weight	[weɪt]
volume (het)	volume	['vɒljuːm]
kubieke meter (de)	cubic meter	['kjuːbɪk 'miːtə(r)]

producent (de)	manufacturer	[ˌmænjuˈfæktʃərə(r)]
transportbedrijf (de)	transportation company	[ˌtrænspɔːˈteɪʃən ˈkʌmpənɪ]
container (de)	container	[kən'teɪnə(r)]

grens (de)	border	['bɔːdə(r)]
douane (de)	customs	['kʌstəmz]
douanerecht (het)	customs duty	['kʌstəmz 'djuːtɪ]
douanier (de)	customs officer	['kʌstəmz 'ɒfɪsə(r)]
smokkelen (het)	smuggling	['smʌglɪŋ]
smokkelwaar (de)	contraband	['kɒntrəbænd]

75. Financiën

aandeel (het)	stock, share	[stɒk], [ʃeə(r)]
obligatie (de)	bond	[bɒnd]
wissel (de)	bill of exchange	[bɪl əv ɪks'tʃeɪndʒ]

beurs (de)	stock exchange	[stɒk ɪks'tʃeɪndʒ]
aandelenkoers (de)	stock price	[stɒk praɪs]

dalen (ww)	to go down	[tə gəʊ daʊn]
stijgen (ww)	to go up	[tə gəʊ ʌp]

deel (het)	shareholding	['ʃeəˌhəʊldɪŋ]
meerderheidsbelang (het)	controlling interest	[kən'trəʊlɪŋ 'ɪntrəst]

investeringen (mv.)	investment	[ɪn'vestmənt]
investeren (ww)	to invest (vi, vt)	[tu ɪn'vest]
procent (het)	percent	[pə'sent]
rente (de)	interest	['ɪntrəst]

winst (de)	profit	['prɒfɪt]
winstgevend (bn)	profitable	['prɒfɪtəbəl]
belasting (de)	tax	[tæks]

valuta (vreemde ~)	currency	['kʌrənsɪ]
nationaal (bn)	national	['næʃənəl]
ruil (de)	exchange	[ɪks'tʃeɪndʒ]

boekhouder (de)	accountant	[ə'kaʊntənt]
boekhouding (de)	accounting	[ə'kaʊnts dɪ'pɑ:tmənt]

bankroet (het)	bankruptcy	['bæŋkrʌptsɪ]
geruïneerd zijn (ww)	to be ruined	[tə bi: 'ru:ɪnd]
inflatie (de)	inflation	[ɪn'fleɪʃən]
devaluatie (de)	devaluation	['di:ˌvælju'eɪʃən]

kapitaal (het)	capital	['kæpɪtəl]
inkomen (het)	income	['ɪŋkʌm]
omzet (de)	turnover	['tɜ:nˌəʊvə(r)]
middelen (mv.)	resources	[rɪ'sɔ:sɪz]
financiële middelen (mv.)	monetary resources	['mʌnɪtərɪ rɪ'sɔ:sɪz]

operationele kosten (mv.)	overhead	['əʊvəhed]
reduceren (kosten ~)	to reduce (vt)	[tə rɪ'dju:s]

76. Marketing

marketing (de)	marketing	['mɑ:kɪtɪŋ]
markt (de)	market	['mɑ:kɪt]
marktsegment (het)	market segment	['mɑ:kɪt 'segmənt]
product (het)	product	['prɒdʌkt]
goederen (mv.)	goods	[gʊdz]

merk (het)	brand	[brænd]
logo (het)	logo	['ləʊgəʊ]

vraag (de)	demand	[dɪ'mɑ:nd]
aanbod (het)	supply	[sə'plaɪ]
behoefte (de)	need	[ni:d]
consument (de)	consumer	[kən'sju:mə(r)]

analyse (de)	analysis	[ə'næləsɪs]
analyseren (ww)	to analyze (vt)	[tu 'ænəlaɪz]
positionering (de)	positioning	[pə'zɪʃənɪŋ]
positioneren (ww)	to position (vt)	[tə pə'zɪʃən]

prijs (de)	price	[praɪs]
prijspolitiek (de)	pricing policy	['praɪsɪŋ 'pɒləsɪ]
prijsvorming (de)	formation of price	[fɔ:'meɪʃən əv praɪs]

77. Reclame

reclame (de)	advertising	['ædvətaɪzɪŋ]
adverteren (ww)	to advertise (vt)	[tə 'ædvətaɪz]
budget (het)	budget	['bʌdʒɪt]
advertentie, reclame (de)	advertisement	[ˌædvə'taɪzmənt]

TV-reclame (de)	TV advertising	[ˌtiː'viː 'ædvətaɪzɪŋ]
radioreclame (de)	radio advertising	['reɪdɪəʊ 'ædvətaɪzɪŋ]
buitenreclame (de)	outdoor advertising	['aʊtdɔː(r) 'ædvətaɪzɪŋ]
massamedia (de)	mass media	[mæs 'miːdɪə]
periodiek (de)	periodical	[ˌpɪərɪ'ɒdɪkəl]
imago (het)	image	['ɪmɪdʒ]
slagzin (de)	slogan	['sləʊgən]
motto (het)	motto	['mɒtəʊ]
campagne (de)	campaign	[kæm'peɪn]
reclamecampagne (de)	advertising campaign	['ædvətaɪzɪŋ kæm'peɪn]
doelpubliek (het)	target group	['tɑːgɪt gruːp]
visitekaartje (het)	business card	['bɪznɪs kɑːd]
flyer (de)	leaflet	['liːflɪt]
brochure (de)	brochure	[brəʊ'ʃʊr]
folder (de)	pamphlet	['pæmflɪt]
nieuwsbrief (de)	newsletter	['njuːzˌletə(r)]
gevelreclame (de)	store sign	[stɔː saɪn]
poster (de)	poster	['pəʊstə(r)]
aanplakbord (het)	billboard	['bɪlbɔːd]

78. Bankieren

bank (de)	bank	[bæŋk]
bankfiliaal (het)	branch	[brɑːntʃ]
bankbediende (de)	clerk, consultant	[klɜːk], [kən'sʌltənt]
manager (de)	manager	['mænɪdʒə(r)]
bankrekening (de)	banking account	[bæŋkɪŋ ə'kaʊnt]
rekeningnummer (het)	account number	[ə'kaʊnt 'nʌmbə(r)]
lopende rekening (de)	checking account	['tʃekɪŋ ə'kaʊnt]
spaarrekening (de)	savings account	['seɪvɪŋz ə'kaʊnt]
een rekening openen	to open an account	[tu 'əʊpən ən ə'kaʊnt]
de rekening sluiten	to close the account	[tə kləʊz ði ə'kaʊnt]
storting (de)	deposit	[dɪ'pɒzɪt]
een storting maken	to make a deposit	[tə meɪk ə dɪ'pɒzɪt]
overschrijving (de)	wire transfer	['waɪə 'trænsfɜː(r)]
een overschrijving maken	to wire, to transfer	[tə 'waɪə], [tə træns'fɜː]
som (de)	sum	[sʌm]
Hoeveel?	How much?	[ˌhaʊ 'mʌtʃ]
handtekening (de)	signature	['sɪgnətʃə(r)]
ondertekenen (ww)	to sign (vt)	[tə saɪn]
kredietkaart (de)	credit card	['kredɪt kɑːd]
code (de)	code	[kəʊd]

kredietkaartnummer (het)	credit card number	[ˈkredɪt kɑːd ˈnʌmbə(r)]
geldautomaat (de)	ATM	[ˌeɪtiːˈem]

cheque (de)	check	[tʃek]
een cheque uitschrijven	to write a check	[tə ˌraɪt ə ˈtʃek]
chequeboekje (het)	checkbook	[ˈtʃekˌbʊk]

lening, krediet (de)	loan	[ləʊn]
een lening aanvragen	to apply for a loan	[tə əˈplaɪ fɔːrə ləʊn]
een lening nemen	to get a loan	[tə get ə ləʊn]
een lening verlenen	to give a loan	[tə gɪv ə ləʊn]
garantie (de)	guarantee	[ˌgærənˈtiː]

79. Telefoon. Telefoongesprek

telefoon (de)	telephone	[ˈtelɪfəʊn]
mobieltje (het)	mobile phone	[ˈməʊbaɪl fəʊn]
antwoordapparaat (het)	answering machine	[ˈɑːnsərɪŋ məˈʃiːn]

bellen (ww)	to call (vi, vt)	[tə kɔːl]
belletje (telefoontje)	phone call	[fəʊn kɔːl]

een nummer draaien	to dial a number	[tə ˈdaɪəl ə ˈnʌmbə(r)]
Hallo!	Hello!	[həˈləʊ]
vragen (ww)	to ask (vt)	[tə ɑːsk]
antwoorden (ww)	to answer (vi, vt)	[tə ˈɑːnsə(r)]

horen (ww)	to hear (vt)	[tə hɪə(r)]
goed (bw)	well	[wel]
slecht (bw)	not well	[nɒt wel]
storingen (mv.)	noises	[nɔɪzɪz]

hoorn (de)	receiver	[rɪˈsiːvə(r)]
opnemen (ww)	to pick up the phone	[tə pɪk ʌp ðə fəʊn]
ophangen (ww)	to hang up	[tə hæŋ ʌp]

bezet (bn)	busy	[ˈbɪzɪ]
overgaan (ww)	to ring (vi)	[tə rɪŋ]
telefoonboek (het)	telephone book	[ˈtelɪfəʊn bʊk]

lokaal (bn)	local	[ˈləʊkəl]
interlokaal (bn)	long distance	[lɒŋ ˈdɪstəns]
buitenlands (bn)	international	[ˌɪntəˈnæʃənəl]

80. Mobiele telefoon

mobieltje (het)	mobile phone	[ˈməʊbaɪl fəʊn]
scherm (het)	display	[dɪˈspleɪ]
toets, knop (de)	button	[ˈbʌtən]
simkaart (de)	SIM card	[sɪm kɑːd]
batterij (de)	battery	[ˈbætərɪ]
leeg zijn (ww)	to be dead	[tə bi ded]

acculader (de)	charger	['tʃɑːdʒə(r)]
menu (het)	menu	['menjuː]
instellingen (mv.)	settings	['setɪŋz]
melodie (beltoon)	tune	[tjuːn]
selecteren (ww)	to select (vt)	[tə sɪ'lekt]
rekenmachine (de)	calculator	['kælkjʋleɪtə(r)]
voicemail (de)	voice mail	[vɔɪs meɪl]
wekker (de)	alarm clock	[ə'lɑːm klɒk]
contacten (mv.)	contacts	['kɒntækts]
SMS-bericht (het)	SMS	[ˌesem'es]
abonnee (de)	subscriber	[səb'skraɪbə(r)]

81. Schrijfbehoeften

balpen (de)	ballpoint pen	['bɔːlpɔɪnt pen]
vulpen (de)	fountain pen	['faʋntɪn pen]
potlood (het)	pencil	['pensəl]
marker (de)	highlighter	['haɪlaɪtə(r)]
viltstift (de)	felt-tip pen	[felt tɪp pen]
notitieboekje (het)	notepad	['nəʋtpæd]
agenda (boekje)	agenda	[ə'dʒendə]
liniaal (de/het)	ruler	['ruːlə(r)]
rekenmachine (de)	calculator	['kælkjʋleɪtə(r)]
gom (de)	eraser	[ɪ'reɪsə(r)]
punaise (de)	thumbtack	['θʌmtæk]
paperclip (de)	paper clip	['peɪpə klɪp]
lijm (de)	glue	[gluː]
nietmachine (de)	stapler	['steɪplə(r)]
perforator (de)	hole punch	[həʋl pʌntʃ]
potloodslijper (de)	pencil sharpener	['pensəl 'ʃɑːpənə(r)]

82. Soorten bedrijven

boekhouddiensten (mv.)	accounting services	[ə'kaʋntɪŋ 'sɜːvɪsɪz]
reclame (de)	advertising	['ædvətaɪzɪŋ]
reclamebureau (het)	advertising agency	['ædvətaɪzɪŋ 'eɪdʒənsɪ]
airconditioning (de)	air-conditioners	[eə kən'dɪʃənəz]
luchtvaartmaatschappij (de)	airline	['eəlaɪn]
alcoholische dranken (mv.)	alcoholic drinks	[ˌælkə'hɒlɪk drɪŋks]
antiek (het)	antiquities	[æn'tɪkwətɪz]
kunstgalerie (de)	art gallery	[ɑːt 'gælərɪ]
audit diensten (mv.)	audit services	['ɔːdɪt 'sɜːvɪsɪz]
banken (mv.)	banks	[bæŋks]
bar (de)	pub, bar	[pʌb], [bɑː(r)]

schoonheidssalon (de/het)	beauty parlor	['bju:tɪ 'pɑ:lə(r)]
boekhandel (de)	bookstore	['bʊkstɔ:(r)]
bierbrouwerij (de)	brewery	['brʊərɪ]
zakencentrum (het)	business center	['bɪznɪs 'sentə(r)]
business school (de)	business school	['bɪznɪs sku:l]
casino (het)	casino	[kə'si:nəʊ]
bouwbedrijven (mv.)	construction	[kən'strʌkʃən]
adviesbureau (het)	consulting	[kən'sʌltɪŋ]
tandheelkunde (de)	dental clinic	['dentəl 'klɪnɪk]
design (het)	design	[dɪ'zaɪn]
apotheek (de)	drugstore, pharmacy	['drʌgstɔ:(r)], ['fɑ:məsɪ]
stomerij (de)	dry cleaners	[,draɪ 'kli:nəz]
uitzendbureau (het)	employment agency	[ɪm'plɔɪmənt 'eɪdʒənsɪ]
financiële diensten (mv.)	financial services	[faɪ'nænʃəl 's3:vɪsɪz]
voedingswaren (mv.)	food products	[fu:d 'prɒdʌkts]
uitvaartcentrum (het)	funeral home	['fju:nərəl həʊm]
meubilair (het)	furniture	['fɜ:nɪtʃə(r)]
kleding (de)	garment	['gɑ:mənt]
hotel (het)	hotel	[həʊ'tel]
IJsje (het)	ice-cream	[aɪs kri:m]
industrie (de)	industry	['ɪndʌstrɪ]
verzekering (de)	insurance	[ɪn'ʃʊə:rəns]
Internet (het)	Internet	['ɪntənet]
investeringen (mv.)	investment	[ɪn'vestmənt]
juwelier (de)	jeweler	['dʒu:ələ(r)]
juwelen (mv.)	jewelry	['dʒu:əlrɪ]
wasserette (de)	laundry	['lɔ:ndrɪ]
juridische diensten (mv.)	legal advisor	['li:gəl əd'vaɪzə(r)]
lichte industrie (de)	light industry	[laɪt 'ɪndʌstrɪ]
tijdschrift (het)	magazine	[,mægə'zi:n]
postorderbedrijven (mv.)	mail-order selling	[meɪl 'ɔ:də 'selɪŋ]
medicijnen (mv.)	medicine	['medsɪn]
bioscoop (de)	movie theater	['mu:vɪ 'θɪətə(r)]
museum (het)	museum	[mju:'zi:əm]
persbureau (het)	news agency	[nju:z 'eɪdʒənsɪ]
krant (de)	newspaper	['nju:z,peɪpə(r)]
nachtclub (de)	nightclub	[naɪt klʌb]
olie (aardolie)	oil, petroleum	[ɔɪl], [pɪ'trəʊlɪəm]
koerierdienst (de)	parcels service	['pɑ:səls 's3:vɪs]
geneesmiddelen (mv.)	pharmaceuticals	[,fɑ:mə'sju:tɪkəlz]
drukkerij (de)	printing	['prɪntɪŋ]
uitgeverij (de)	publishing house	['pʌblɪʃɪŋ ,haʊs]
radio (de)	radio	['reɪdɪəʊ]
vastgoed (het)	real estate	[rɪəl ɪ'steɪt]
restaurant (het)	restaurant	['restrɒnt]
bewakingsfirma (de)	security agency	[sɪ'kjʊərətɪ 'eɪdʒənsɪ]
sport (de)	sports	[spɔ:ts]

handelsbeurs (de)	stock exchange	[stɒk ɪks'tʃeɪndʒ]
winkel (de)	store	[stɔ:(r)]
supermarkt (de)	supermarket	['su:pə‚mɑ:kɪt]
zwembad (het)	swimming pool	['swɪmɪŋ pu:l]
naaiatelier (het)	tailors	['teɪləz]
televisie (de)	television	['telɪ‚vɪʒən]
theater (het)	theater	['θɪətə(r)]
handel (de)	trade	[treɪd]
transport (het)	transportation	[‚trænspɔ:'teɪʃən]
toerisme (het)	travel	['trævəl]
dierenarts (de)	veterinarian	[‚vetərɪ'neərɪən]
magazijn (het)	warehouse	['weəhaʊs]
afvalinzameling (de)	waste collection	[weɪst kə'lekʃən]

Baan. Business. Deel 2

83. Show. Tentoonstelling

beurs (de)	exhibition, show	[ˌeksɪ'bɪʃən], [ʃəʊ]
vakbeurs, handelsbeurs (de)	trade show	[treɪd ʃəʊ]
deelneming (de)	participation	[pɑːˌtɪsɪ'peɪʃən]
deelnemen (ww)	to participate (vi)	[tə pɑː'tɪsɪpeɪt]
deelnemer (de)	participant	[pɑː'tɪsɪpənt]
directeur (de)	director	[dɪ'rektə(r)]
organisator (de)	organizer	['ɔːɡənaɪzə(r)]
organiseren (ww)	to organize (vt)	[tə 'ɔːɡənaɪz]
deelnemingsaanvraag (de)	participation form	[pɑːˌtɪsɪ'peɪʃən fɔːm]
invullen (een formulier ~)	to fill out (vt)	[tə fɪl 'aʊt]
details (mv.)	details	[dɪ'teɪlz]
informatie (de)	information	[ˌɪnfə'meɪʃən]
prijs (de)	price	[praɪs]
inclusief (bijv. ~ BTW)	including	[ɪn'kluːdɪŋ]
inbegrepen (alles ~)	to include (vt)	[tu ɪn'kluːd]
betalen (ww)	to pay (vi, vt)	[tə peɪ]
registratietarief (het)	registration fee	[ˌredʒɪ'streɪʃən fiː]
ingang (de)	entrance	['entrəns]
paviljoen (het), hal (de)	pavilion, hall	[pə'vɪljən], [hɔːl]
registreren (ww)	to register (vt)	[tə 'redʒɪstə(r)]
badge, kaart (de)	badge	[bædʒ]
beursstand (de)	booth, stand	[buːð], [stænd]
reserveren (een stand ~)	to reserve, to book	[tə rɪ'zɜːv], [tə bʊk]
vitrine (de)	display case	[dɪ'spleɪ keɪs]
licht (het)	spotlight	['spɒtlaɪt]
design (het)	design	[dɪ'zaɪn]
plaatsen (ww)	to place (vt)	[tə pleɪs]
geplaatst zijn (ww)	to be placed	[tə bi pleɪst]
distributeur (de)	distributor	[dɪ'strɪbjʊtə(r)]
leverancier (de)	supplier	[sə'plaɪə(r)]
leveren (ww)	to supply (vt)	[tə sə'plaɪ]
land (het)	country	['kʌntrɪ]
buitenlands (bn)	foreign	['fɒrən]
product (het)	product	['prɒdʌkt]
associatie (de)	association	[əˌsəʊsɪ'eɪʃən]
conferentiezaal (de)	conference hall	['kɒnfərəns hɔːl]
congres (het)	congress	['kɒŋɡres]

wedstrijd (de)	contest	['kɒntest]
bezoeker (de)	visitor	['vɪzɪtə(r)]
bezoeken (ww)	to visit (vt)	[tə 'vɪzɪt]
afnemer (de)	customer	['kʌstəmə(r)]

84. Wetenschap. Onderzoek. Wetenschappers

wetenschap (de)	science	['saɪəns]
wetenschappelijk (bn)	scientific	[ˌsaɪən'tɪfɪk]
wetenschapper (de)	scientist	['saɪəntɪst]
theorie (de)	theory	['θɪərɪ]

axioma (het)	axiom	['æksɪəm]
analyse (de)	analysis	[ə'næləsɪs]
analyseren (ww)	to analyze (vt)	[tu 'ænəlaɪz]
argument (het)	argument	['ɑ:gjʊmənt]
substantie (de)	substance	['sʌbstəns]

hypothese (de)	hypothesis	[haɪ'pɒθɪsɪs]
dilemma (het)	dilemma	[dɪ'lemə]
dissertatie (de)	dissertation	[ˌdɪsə'teɪʃən]
dogma (het)	dogma	['dɒgmə]

doctrine (de)	doctrine	['dɒktrɪn]
onderzoek (het)	research	[rɪ'sɜ:tʃ]
onderzoeken (ww)	to research (vt)	[tə rɪ'sɜ:tʃ]
toetsing (de)	testing	['testɪŋ]
laboratorium (het)	laboratory	['læbrəˌtɔ:rɪ]

methode (de)	method	['meθəd]
molecule (de/het)	molecule	['mɒlɪkju:l]
monitoring (de)	monitoring	['mɒnɪtərɪŋ]
ontdekking (de)	discovery	[dɪ'skʌvərɪ]

postulaat (het)	postulate	['pɒstjʊlət]
principe (het)	principle	['prɪnsɪpəl]
voorspelling (de)	forecast	['fɔ:kɑ:st]
een prognose maken	prognosticate (vt)	[prɒg'nɒstɪkeɪt]

synthese (de)	synthesis	['sɪnθəsɪs]
tendentie (de)	trend	[trend]
theorema (het)	theorem	['θɪərəm]

leerstellingen (mv.)	teachings	['ti:tʃɪŋz]
feit (het)	fact	[fækt]
expeditie (de)	expedition	[ˌekspɪ'dɪʃən]
experiment (het)	experiment	[ɪk'sperɪmənt]

academicus (de)	academician	[əˌkædə'mɪʃən]
bachelor (bijv. BA, LLB)	bachelor	['bætʃələ(r)]
doctor (de)	doctor, PhD	['dɒktə(r)], [ˌpi:eɪtʃ'di:]
universitair docent (de)	associate professor	[ə'səʊʃɪət prə'fesə(r)]
master, magister (de)	master	['mɑ:stə(r)]
professor (de)	professor	[prə'fesə(r)]

Beroepen en ambachten

85. Zoeken naar werk. Ontslag

baan (de)	job	[dʒɒb]
werknemers (mv.)	staff	[stɑːf]

carrière (de)	career	[kəˈrɪə(r)]
vooruitzichten (mv.)	prospects	[ˈprɒspekts]
meesterschap (het)	skills, mastery	[skɪls], [ˈmɑːstərɪ]

keuze (de)	selection	[sɪˈlekʃən]
uitzendbureau (het)	employment agency	[ɪmˈplɔɪmənt ˈeɪdʒənsɪ]
CV, curriculum vitae (het)	résumé	[ˈrezjuːmeɪ]
sollicitatiegesprek (het)	interview	[ˈɪntəvjuː]
vacature (de)	vacancy, opening	[ˈveɪkənsɪ], [ˈəʊpənɪŋ]

salaris (het)	salary, pay	[ˈsælərɪ], [peɪ]
loon (het)	pay, compensation	[peɪ], [ˌkɒmpenˈseɪʃən]

betrekking (de)	position	[pəˈzɪʃən]
taak, plicht (de)	duty	[ˈdjuːtɪ]
takenpakket (het)	range of duties	[reɪndʒ əv ˈdjuːtɪz]
bezig (~ zijn)	busy	[ˈbɪzɪ]

ontslagen (ww)	to fire, to dismiss	[tə ˈfaɪə], [tə dɪsˈmɪs]
ontslag (het)	dismissal	[dɪsˈmɪsəl]

werkloosheid (de)	unemployment	[ˌʌnɪmˈplɔɪmənt]
werkloze (de)	unemployed	[ˌʌnɪmˈplɔɪd]
pensioen (het)	retirement	[rɪˈtaɪəmənt]
met pensioen gaan	to retire (vi)	[tə rɪˈtaɪə(r)]

86. Zakenmensen

directeur (de)	director	[dɪˈrektə(r)]
beheerder (de)	manager	[ˈmænɪdʒə(r)]
hoofd (het)	boss	[bɒs]

baas (de)	superior	[suːˈpɪərɪə]
superieuren (mv.)	superiors	[suːˈpɪərɪərz]
president (de)	president	[ˈprezɪdənt]
voorzitter (de)	chairman	[ˈtʃeəmən]

adjunct (de)	deputy	[ˈdepjʊtɪ]
assistent (de)	assistant	[əˈsɪstənt]
secretaris (de)	secretary	[ˈsekrətərɪ]
persoonlijke assistent (de)	personal assistant	[ˈpɜːsənəl əˈsɪstənt]

zakenman (de)	businessman	[ˈbɪznɪsmæn]
ondernemer (de)	entrepreneur	[ˌɒntrəprəˈnɜː(r)]
oprichter (de)	founder	[ˈfaʊndə(r)]
oprichten (een nieuw bedrijf ~)	to found (vt)	[tə faʊnd]
stichter (de)	incorporator	[ɪnˈkɔːpəreɪtə]
partner (de)	partner	[ˈpɑːtnə(r)]
aandeelhouder (de)	stockholder	[ˈstɒkˌhəʊldə(r)]
miljonair (de)	millionaire	[ˌmɪljəˈneə(r)]
miljardair (de)	billionaire	[ˌbɪljəˈneə(r)]
eigenaar (de)	owner	[ˈəʊnə(r)]
landeigenaar (de)	landowner	[ˈlændˌəʊnə(r)]
klant (de)	client	[ˈklaɪənt]
vaste klant (de)	regular client	[ˈreɡjʊlə ˈklaɪənt]
koper (de)	buyer	[ˈbaɪə(r)]
bezoeker (de)	visitor	[ˈvɪzɪtə(r)]
professioneel (de)	professional	[prəˈfeʃənəl]
expert (de)	expert	[ˈekspɜːt]
specialist (de)	specialist	[ˈspeʃəlɪst]
bankier (de)	banker	[ˈbæŋkə(r)]
makelaar (de)	broker	[ˈbrəʊkə(r)]
kassier (de)	cashier, teller	[kæˈʃɪə], [ˈtelə]
boekhouder (de)	accountant	[əˈkaʊntənt]
bewaker (de)	security guard	[sɪˈkjʊərətɪ ɡɑːd]
investeerder (de)	investor	[ɪnˈvestə(r)]
schuldenaar (de)	debtor	[ˈdetə(r)]
crediteur (de)	creditor	[ˈkredɪtə(r)]
lener (de)	borrower	[ˈbɒrəʊə(r)]
importeur (de)	importer	[ɪmˈpɔːtə(r)]
exporteur (de)	exporter	[ekˈspɔːtə(r)]
producent (de)	manufacturer	[ˌmænjʊˈfæktʃərə(r)]
distributeur (de)	distributor	[dɪˈstrɪbjʊtə(r)]
bemiddelaar (de)	middleman	[ˈmɪdəlmæn]
adviseur, consulent (de)	consultant	[kənˈsʌltənt]
vertegenwoordiger (de)	sales representative	[ˈseɪlz ˌreprɪˈzentətɪv]
agent (de)	agent	[ˈeɪdʒənt]
verzekeringsagent (de)	insurance agent	[ɪnˈʃʊərəns ˈeɪdʒənt]

87. Dienstverlenende beroepen

kok (de)	cook	[kʊk]
chef-kok (de)	chef	[ʃef]
barman (de)	bartender	[ˈbɑːrˌtendə(r)]
kelner, ober (de)	waiter	[ˈweɪtə(r)]

serveerster (de)	waitress	['weɪtrɪs]
advocaat (de)	lawyer, attorney	['lɔːjə(r)], [ə'tɜːnɪ]
jurist (de)	lawyer	['lɔːjə(r)]
notaris (de)	notary	['nəʊtərɪ]
elektricien (de)	electrician	[ˌɪlek'trɪʃən]
loodgieter (de)	plumber	['plʌmə(r)]
timmerman (de)	carpenter	['kɑːpəntə(r)]
masseur (de)	masseur	[mæ'sʊər]
masseuse (de)	masseuse	[mæ'suːz]
dokter, arts (de)	doctor	['dɒktə(r)]
taxichauffeur (de)	taxi driver	['tæksɪ 'draɪvə(r)]
chauffeur (de)	driver	['draɪvə(r)]
koerier (de)	delivery man	[dɪ'lɪvərɪ mæn]
kamermeisje (het)	chambermaid	['tʃeɪmbəˌmeɪd]
bewaker (de)	security guard	[sɪ'kjʊərətɪ gɑːd]
stewardess (de)	flight attendant	[ˌflaɪt ə'tendənt]
meester (de)	teacher	['tiːtʃə(r)]
bibliothecaris (de)	librarian	[laɪ'breərɪən]
vertaler (de)	translator	[trænsˈleɪtə(r)]
tolk (de)	interpreter	[ɪn'tɜːprɪtə(r)]
gids (de)	guide	[gaɪd]
kapper (de)	hairdresser	['heəˌdresə(r)]
postbode (de)	mailman	['meɪlmən]
verkoper (de)	salesman	['seɪlzmən]
tuinman (de)	gardener	['gɑːdnə(r)]
huisbediende (de)	servant	['sɜːvənt]
dienstmeisje (het)	maid	[meɪd]
schoonmaakster (de)	cleaner	['kliːnə(r)]

88. Militaire beroepen en rangen

soldaat (rang)	private	['praɪvɪt]
sergeant (de)	sergeant	['sɑːdʒənt]
luitenant (de)	lieutenant	[luː'tenənt]
kapitein (de)	captain	['kæptɪn]
majoor (de)	major	['meɪdʒə(r)]
kolonel (de)	colonel	['kɜːnəl]
generaal (de)	general	['dʒenərəl]
maarschalk (de)	marshal	['mɑːʃəl]
admiraal (de)	admiral	['ædmərəl]
militair (de)	military man	['mɪlɪtərɪ mæn]
soldaat (de)	soldier	['səʊldʒə(r)]
officier (de)	officer	['ɒfɪsə(r)]
commandant (de)	commander	[kə'mɑːndə(r)]
grenswachter (de)	border guard	['bɔːdə gɑːd]

marconist (de)	radio operator	[ˈreɪdɪəʊ ˈɒpəreɪtə(r)]
verkenner (de)	scout	[skaʊt]
sappeur (de)	pioneer	[ˌpaɪəˈnɪə(r)]
schutter (de)	marksman	[ˈmɑːksmən]
stuurman (de)	navigator	[ˈnævɪɡeɪtə(r)]

89. Ambtenaren. Priesters

koning (de)	king	[kɪŋ]
koningin (de)	queen	[kwiːn]
prins (de)	prince	[prɪns]
prinses (de)	princess	[prɪnˈses]
tsaar (de)	tsar	[zɑː(r)]
tsarina (de)	czarina	[zɑːˈriːnə]
president (de)	President	[ˈprezɪdənt]
minister (de)	Secretary	[ˈsekrətərɪ]
eerste minister (de)	Prime minister	[praɪm ˈmɪnɪstə(r)]
senator (de)	Senator	[ˈsenətə(r)]
diplomaat (de)	diplomat	[ˈdɪpləmæt]
consul (de)	consul	[ˈkɒnsəl]
ambassadeur (de)	ambassador	[æmˈbæsədə(r)]
adviseur (de)	advisor	[ədˈvaɪzə(r)]
ambtenaar (de)	official	[əˈfɪʃəl]
prefect (de)	prefect	[ˈpriːfekt]
burgemeester (de)	mayor	[meə(r)]
rechter (de)	judge	[dʒʌdʒ]
aanklager (de)	district attorney	[ˈdɪstrɪkt əˈtɜːnɪ]
missionaris (de)	missionary	[ˈmɪʃənrɪ]
monnik (de)	monk	[mʌŋk]
abt (de)	abbot	[ˈæbət]
rabbi, rabbijn (de)	rabbi	[ˈræbaɪ]
vizier (de)	vizier	[vɪˈzɪə(r)]
sjah (de)	shah	[ʃɑː]
sjeik (de)	sheikh	[ʃeɪk]

90. Agrarische beroepen

imker (de)	beekeeper	[ˈbiːˌkiːpə(r)]
herder (de)	herder	[ˈhɜːdə(r)]
landbouwkundige (de)	agronomist	[əˈɡrɒnəmɪst]
veehouder (de)	cattle breeder	[ˈkætəl ˈbriːdə(r)]
dierenarts (de)	veterinarian	[ˌvetərɪˈneərɪən]
landbouwer (de)	farmer	[ˈfɑːmə(r)]
wijnmaker (de)	winemaker	[ˈwaɪnˌmeɪkə(r)]

zoöloog (de)	zoologist	[zəʊ'ɒlədʒɪst]
cowboy (de)	cowboy	['kaʊbɔɪ]

91. Kunst beroepen

acteur (de)	actor	['æktə(r)]
actrice (de)	actress	['æktrɪs]
zanger (de)	singer	['sɪŋə(r)]
zangeres (de)	singer	['sɪŋə(r)]
danser (de)	dancer	['dɑːnsə(r)]
danseres (de)	dancer	['dɑːnsə(r)]
muzikant (de)	musician	[mjuː'zɪʃən]
pianist (de)	pianist	['pɪənɪst]
gitarist (de)	guitar player	[gɪ'tɑːr 'pleɪə(r)]
orkestdirigent (de)	conductor	[kən'dʌktə(r)]
componist (de)	composer	[kəm'pəʊzə(r)]
impresario (de)	impresario	[ˌɪmprɪ'sɑːrɪəʊ]
filmregisseur (de)	movie director	['muːvɪ dɪ'rektə(r)]
filmproducent (de)	producer	[prə'djuːsə(r)]
scenarioschrijver (de)	scriptwriter	['skrɪptˌraɪtə(r)]
criticus (de)	critic	['krɪtɪk]
schrijver (de)	writer	['raɪtə(r)]
dichter (de)	poet	['pəʊɪt]
beeldhouwer (de)	sculptor	['skʌlptə(r)]
kunstenaar (de)	artist, painter	['ɑːtɪst], ['peɪntə(r)]
jongleur (de)	juggler	['dʒʌglə(r)]
clown (de)	clown	[klaʊn]
acrobaat (de)	acrobat	['ækrəbæt]
goochelaar (de)	magician	[mə'dʒɪʃən]

92. Verschillende beroepen

dokter, arts (de)	doctor	['dɒktə(r)]
ziekenzuster (de)	nurse	[nɜːs]
psychiater (de)	psychiatrist	[saɪ'kaɪətrɪst]
tandarts (de)	dentist	['dentɪst]
chirurg (de)	surgeon	['sɜːdʒən]
astronaut (de)	astronaut	['æstrənɔːt]
astronoom (de)	astronomer	[ə'strɒnəmə(r)]
piloot (de)	pilot	['paɪlət]
chauffeur (de)	driver	['draɪvə(r)]
machinist (de)	engineer	[ˌendʒɪ'nɪə(r)]
mecanicien (de)	mechanic	[mɪ'kænɪk]

mijnwerker (de)	miner	['maɪnə(r)]
arbeider (de)	worker	['wɜːkə(r)]
bankwerker (de)	metalworker	['metəl‚wɜːkə(r)]
houtbewerker (de)	joiner	['dʒɔɪnə(r)]
draaier (de)	turner	['tɜːnə(r)]
bouwvakker (de)	construction worker	[kən'strʌkʃən 'wɜːkə(r)]
lasser (de)	welder	[weldə(r)]
professor (de)	professor	[prə'fesə(r)]
architect (de)	architect	['ɑːkɪtekt]
historicus (de)	historian	[hɪ'stɔːrɪən]
wetenschapper (de)	scientist	['saɪəntɪst]
fysicus (de)	physicist	['fɪzɪsɪst]
scheikundige (de)	chemist	['kemɪst]
archeoloog (de)	archeologist	[‚ɑːkɪ'ɒlədʒɪst]
geoloog (de)	geologist	[dʒɪ'ɒlədʒɪst]
onderzoeker (de)	researcher	[rɪ'sɜːtʃə(r)]
babysitter (de)	babysitter	['beɪbɪ 'sɪtə(r)]
leraar, pedagoog (de)	teacher, educator	['tiːtʃə(r)], ['edʒʊkeɪtə(r)]
redacteur (de)	editor	['edɪtə(r)]
chef-redacteur (de)	editor-in-chief	['edɪtər ɪn tʃiːf]
correspondent (de)	correspondent	[‚kɒrɪ'spɒndənt]
typiste (de)	typist	['taɪpɪst]
designer (de)	designer	[dɪ'zaɪnə(r)]
computerexpert (de)	computer expert	[kəm'pjuːtər 'eksp3ːt]
programmeur (de)	programmer	['prəʊgræmə(r)]
ingenieur (de)	engineer	[‚endʒɪ'nɪə(r)]
matroos (de)	sailor	['seɪlə(r)]
zeeman (de)	seaman	['siːmən]
redder (de)	rescuer	['reskjʊə(r)]
brandweerman (de)	fireman	['faɪəmən]
politieagent (de)	policeman	[pə'liːsmən]
nachtwaker (de)	watchman	['wɒtʃmən]
detective (de)	detective	[dɪ'tektɪv]
douanier (de)	customs officer	['kʌstəmz 'ɒfɪsə(r)]
lijfwacht (de)	bodyguard	['bɒdɪgɑːd]
gevangenisbewaker (de)	prison guard	['prɪzən gɑːd]
inspecteur (de)	inspector	[ɪn'spektə(r)]
sportman (de)	sportsman	['spɔːtsmən]
trainer (de)	trainer, coach	['treɪnə(r)], [kəʊtʃ]
slager, beenhouwer (de)	butcher	['bʊtʃə(r)]
schoenlapper (de)	cobbler	['kɒblə(r)]
handelaar (de)	merchant	['mɜːtʃənt]
lader (de)	loader	['ləʊdə(r)]
kledingstilist (de)	fashion designer	['fæʃən dɪ'zaɪnə(r)]
model (het)	model	['mɒdəl]

93. Beroepen. Sociale status

scholier (de)	schoolboy	['sku:lbɔɪ]
student (de)	student	['stju:dənt]
filosoof (de)	philosopher	[fɪ'lɒsəfə(r)]
econoom (de)	economist	[ɪ'kɒnəmɪst]
uitvinder (de)	inventor	[ɪn'ventə(r)]
werkloze (de)	unemployed	[ˌʌnɪm'plɔɪd]
gepensioneerde (de)	retiree	[ˌrɪtaɪə'ri:]
spion (de)	spy, secret agent	[spaɪ], ['si:krɪt 'eɪdʒənt]
gedetineerde (de)	prisoner	['prɪzənə(r)]
staker (de)	striker	['straɪkə(r)]
bureaucraat (de)	bureaucrat	['bjʊərəkræt]
reiziger (de)	traveler	['trævələ(r)]
homoseksueel (de)	homosexual	[ˌhɒmə'sekʃʊəl]
hacker (computerkraker)	hacker	['hækə(r)]
hippie (de)	hippie	['hɪpɪ]
bandiet (de)	bandit	['bændɪt]
huurmoordenaar (de)	hit man, killer	[hɪt mæn], ['kɪlə(r)]
drugsverslaafde (de)	drug addict	['drʌgˌædɪkt]
drugshandelaar (de)	drug dealer	['drʌg ˌdi:lə(r)]
prostituee (de)	prostitute	['prɒstɪtju:t]
pooier (de)	pimp	[pɪmp]
tovenaar (de)	sorcerer	['sɔ:sərə(r)]
tovenares (de)	sorceress	['sɔ:sərɪs]
piraat (de)	pirate	['paɪrət]
slaaf (de)	slave	[sleɪv]
samoerai (de)	samurai	['sæmʊraɪ]
wilde (de)	savage	['sævɪdʒ]

Onderwijs

94. School

school (de)	school	[skuːl]
schooldirecteur (de)	headmaster	[ˌhedˈmɑːstə(r)]
leerling (de)	pupil	[ˈpjuːpəl]
leerlinge (de)	pupil	[ˈpjuːpəl]
scholier (de)	schoolboy	[ˈskuːlbɔɪ]
scholiere (de)	schoolgirl	[ˈskuːlgɜːl]
leren (lesgeven)	to teach (vt)	[tə tiːtʃ]
studeren (bijv. een taal ~)	to learn (vt)	[tə lɜːn]
van buiten leren	to learn by heart	[tə lɜːn baɪ hɑːt]
leren (bijv. ~ tellen)	to learn (vt)	[tə lɜːn]
naar school gaan	to go to school	[tə gəʊ tə skuːl]
alfabet (het)	alphabet	[ˈælfəbet]
vak (schoolvak)	subject	[ˈsʌbdʒɪkt]
klaslokaal (het)	classroom	[ˈklɑːsrʊm]
les (de)	lesson	[ˈlesən]
pauze (de)	recess	[ˈriːses]
bel (de)	school bell	[skuːl bel]
schooltafel (de)	desk	[desk]
schoolbord (het)	chalkboard	[ˈtʃɔːkbɔːd]
cijfer (het)	grade	[greɪd]
goed cijfer (het)	good grade	[gʊd greɪd]
slecht cijfer (het)	bad grade	[bæd greɪd]
een cijfer geven	to give a grade	[tə gɪv ə greɪd]
fout (de)	mistake	[mɪˈsteɪk]
fouten maken	to make mistakes	[tə meɪk mɪˈsteɪks]
corrigeren (fouten ~)	to correct (vt)	[tə kəˈrekt]
spiekbriefje (het)	cheat sheet	[ˈtʃiːt ʃiːt]
huiswerk (het)	homework	[ˈhəʊmwɜːk]
oefening (de)	exercise	[ˈeksəsaɪz]
aanwezig zijn (ww)	to be present	[tə bi ˈprezənt]
absent zijn (ww)	to be absent	[tə bi ˈæbsənt]
school verzuimen	to miss school	[tə mɪs skuːl]
bestraffen (een stout kind ~)	to punish (vt)	[tə ˈpʌnɪʃ]
bestraffing (de)	punishment	[ˈpʌnɪʃmənt]
gedrag (het)	conduct	[ˈkɒndʌkt]
cijferlijst (de)	report card	[rɪˈpɔːt kɑːd]

potlood (het)	pencil	['pensəl]
gom (de)	eraser	[ɪ'reɪsə(r)]
krijt (het)	chalk	[tʃɔːk]
pennendoos (de)	pencil case	['pensəl keɪs]
boekentas (de)	schoolbag	['skuːlbæg]
pen (de)	pen	[pen]
schrift (de)	school notebook	[skuːl 'nəʊtbʊk]
leerboek (het)	textbook	['tekstbʊk]
passer (de)	compasses	['kʌmpəsɪz]
technisch tekenen (ww)	to make technical drawings	[tə meɪk 'teknɪkəl 'drɔːɪŋs]
technische tekening (de)	technical drawing	['teknɪkəl 'drɔːɪŋ]
gedicht (het)	poem	['pəʊɪm]
van buiten (bw)	by heart	[baɪ hɑːt]
van buiten leren	to learn by heart	[tə lɜːn baɪ hɑːt]
vakantie (de)	school vacation	[skuːl və'keɪʃən]
met vakantie zijn	to be on vacation	[tə bi ɒn və'keɪʃən]
vakantie doorbrengen	to spend one's vacation	[tə spend wʌns və'keɪʃən]
toets (schriftelijke ~)	test	[test]
opstel (het)	essay	['eseɪ]
dictee (het)	dictation	[dɪk'teɪʃən]
examen (het)	exam	[ɪg'zæm]
examen afleggen	to take an exam	[tə ˌteɪk ən ɪg'zæm]
experiment (het)	experiment	[ɪk'sperɪmənt]

95. Hogeschool. Universiteit

academie (de)	academy	[ə'kædəmɪ]
universiteit (de)	university	[ˌjuːnɪ'vɜːsətɪ]
faculteit (de)	faculty	['fækəltɪ]
student (de)	student	['stjuːdənt]
studente (de)	student	['stjuːdənt]
leraar (de)	lecturer	['lektʃərə(r)]
collegezaal (de)	lecture hall	['lektʃə hɔːl]
afgestudeerde (de)	graduate	['grædʒʊət]
diploma (het)	diploma	[dɪ'pləʊmə]
dissertatie (de)	dissertation	[ˌdɪsə'teɪʃən]
onderzoek (het)	study	['stʌdɪ]
laboratorium (het)	laboratory	['læbrəˌtɔːrɪ]
college (het)	lecture	['lektʃə(r)]
medestudent (de)	course mate	[kɔːs meɪt]
studiebeurs (de)	scholarship	['skɒləʃɪp]
academische graad (de)	academic degree	[ˌækə'demɪk dɪ'griː]

96. Wetenschappen. Disciplines

wiskunde (de)	mathematics	[ˌmæθə'mætɪks]
algebra (de)	algebra	['ældʒɪbrə]
meetkunde (de)	geometry	[dʒɪ'ɒmətrɪ]
astronomie (de)	astronomy	[ə'strɒnəmɪ]
biologie (de)	biology	[baɪ'ɒlədʒɪ]
geografie (de)	geography	[dʒɪ'ɒgrəfɪ]
geologie (de)	geology	[dʒɪ'ɒlədʒɪ]
geschiedenis (de)	history	['hɪstərɪ]
geneeskunde (de)	medicine	['medsɪn]
pedagogiek (de)	pedagogy	['pedəgɒdʒɪ]
rechten (mv.)	law	[lɔ:]
fysica, natuurkunde (de)	physics	['fɪzɪks]
scheikunde (de)	chemistry	['kemɪstrɪ]
filosofie (de)	philosophy	[fɪ'lɒsəfɪ]
psychologie (de)	psychology	[saɪ'kɒlədʒɪ]

97. Schrift. Spelling

grammatica (de)	grammar	['græmə(r)]
vocabulaire (het)	vocabulary	[və'kæbjʊlərɪ]
fonetiek (de)	phonetics	[fə'netɪks]
zelfstandig naamwoord (het)	noun	[naʊn]
bijvoeglijk naamwoord (het)	adjective	['ædʒɪktɪv]
werkwoord (het)	verb	[vɜ:b]
bijwoord (het)	adverb	['ædvɜ:b]
voornaamwoord (het)	pronoun	['prəʊnaʊn]
tussenwerpsel (het)	interjection	[ˌɪntə'dʒekʃən]
voorzetsel (het)	preposition	[ˌprepə'zɪʃən]
stam (de)	root	[ru:t]
achtervoegsel (het)	ending	['endɪŋ]
voorvoegsel (het)	prefix	['pri:fɪks]
lettergreep (de)	syllable	['sɪləbəl]
achtervoegsel (het)	suffix	['sʌfɪks]
nadruk (de)	stress mark	['stres ˌmɑ:k]
afkappingsteken (het)	apostrophe	[ə'pɒstrəfɪ]
punt (de)	period, dot	['pɪərɪəd], [dɒt]
komma (de/het)	comma	['kɒmə]
puntkomma (de)	semicolon	[ˌsemɪ'kəʊlən]
dubbelpunt (de)	colon	['kəʊlən]
beletselteken (het)	ellipsis	[ɪ'lɪpsɪs]
vraagteken (het)	question mark	['kwestʃən mɑ:k]
uitroepteken (het)	exclamation point	[ˌekskləˈmeɪʃən pɔɪnt]

aanhalingstekens (mv.)	quotation marks	[kwəʊ'teɪʃən mɑːks]
tussen aanhalingstekens (bw)	in quotation marks	[ɪn kwəʊ'teɪʃən mɑːks]
haakjes (mv.)	parenthesis	[pə'renθɪsɪs]
tussen haakjes (bw)	in parenthesis	[ɪn pə'renθɪsɪs]
streepje (het)	hyphen	['haɪfən]
gedachtestreepje (het)	dash	[dæʃ]
spatie	space	[speɪs]
(~ tussen twee woorden)		
letter (de)	letter	['letə(r)]
hoofdletter (de)	capital letter	['kæpɪtəl 'letə(r)]
klinker (de)	vowel	['vaʊəl]
medeklinker (de)	consonant	['kɒnsənənt]
zin (de)	sentence	['sentəns]
onderwerp (het)	subject	['sʌbdʒɪkt]
gezegde (het)	predicate	['predɪkət]
regel (in een tekst)	line	[laɪn]
op een nieuwe regel (bw)	on a new line	[ɒn ə njuː laɪn]
alinea (de)	paragraph	['pærəgrɑːf]
woord (het)	word	[wɜːd]
woordgroep (de)	group of words	[gruːp əf wɜːdz]
uitdrukking (de)	expression	[ɪk'spreʃən]
synoniem (het)	synonym	['sɪnənɪm]
antoniem (het)	antonym	['æntənɪm]
regel (de)	rule	[ruːl]
uitzondering (de)	exception	[ɪk'sepʃən]
correct (bijv. ~e spelling)	correct	[kə'rekt]
vervoeging, conjugatie (de)	conjugation	[ˌkɒndʒʊ'geɪʃən]
naamval (de)	nominal case	['nɒmɪnəl keɪs]
vraag (de)	question	['kwestʃən]
onderstrepen (ww)	to underline (vt)	[tə ˌʌndə'laɪn]
stippellijn (de)	dotted line	['dɒtɪd laɪn]

98. Vreemde talen

taal (de)	language	['læŋgwɪdʒ]
vreemd (bn)	foreign	['fɒrən]
leren (bijv. van buiten ~)	to study (vt)	[tə 'stʌdɪ]
studeren (Nederlands ~)	to learn (vt)	[tə lɜːn]
lezen (ww)	to read (vi, vt)	[tə riːd]
spreken (ww)	to speak (vi, vt)	[tə spiːk]
begrijpen (ww)	to understand (vt)	[tə ˌʌndə'stænd]
schrijven (ww)	to write (vt)	[tə raɪt]
snel (bw)	quickly, fast	['kwɪklɪ], [fɑːst]
langzaam (bw)	slowly	['sləʊlɪ]

vloeiend (bw)	fluently	[ˈfluːəntlɪ]
regels (mv.)	rules	[ruːlz]
grammatica (de)	grammar	[ˈgræmə(r)]
vocabulaire (het)	vocabulary	[vəˈkæbjʊlərɪ]
fonetiek (de)	phonetics	[fəˈnetɪks]
leerboek (het)	textbook	[ˈtekstbʊk]
woordenboek (het)	dictionary	[ˈdɪkʃənərɪ]
leerboek (het) voor zelfstudie	teach-yourself book	[tiːtʃ jɔːˈself bʊk]
taalgids (de)	phrasebook	[ˈfreɪzbʊk]
cassette (de)	cassette	[kæˈset]
videocassette (de)	videotape	[ˈvɪdɪəʊteɪp]
CD (de)	CD, compact disc	[ˌsiːˈdiː], [kəmˈpækt dɪsk]
DVD (de)	DVD	[ˌdiːviːˈdiː]
alfabet (het)	alphabet	[ˈælfəbet]
spellen (ww)	to spell (vt)	[tə spel]
uitspraak (de)	pronunciation	[prəˌnʌnsɪˈeɪʃən]
accent (het)	accent	[ˈæksent]
met een accent (bw)	with an accent	[wɪð ən ˈæksent]
zonder accent (bw)	without an accent	[wɪˈðaʊt ən ˈæksent]
woord (het)	word	[wɜːd]
betekenis (de)	meaning	[ˈmiːnɪŋ]
cursus (de)	course	[kɔːs]
zich inschrijven (ww)	to sign up (vi)	[tə saɪn ʌp]
leraar (de)	teacher	[ˈtiːtʃə(r)]
vertaling (tekst)	translation	[trænsˈleɪʃən]
vertaler (de)	translator	[trænsˈleɪtə(r)]
tolk (de)	interpreter	[ɪnˈtɜːprɪtə(r)]
polyglot (de)	polyglot	[ˈpɒlɪglɒt]
geheugen (het)	memory	[ˈmemərɪ]

Rusten. Entertainment. Reizen

99. Trip. Reizen

toerisme (het)	tourism	['tʊərɪzəm]
toerist (de)	tourist	['tʊərɪst]
reis (de)	trip	[trɪp]
avontuur (het)	adventure	[əd'ventʃə(r)]
tocht (de)	trip, journey	[trɪp], ['dʒɜːnɪ]
vakantie (de)	vacation	[və'keɪʃən]
met vakantie zijn	to be on vacation	[tə bi ɒn və'keɪʃən]
rust (de)	rest	[rest]
trein (de)	train	[treɪn]
met de trein	by train	[baɪ treɪn]
vliegtuig (het)	airplane	['eəpleɪn]
met het vliegtuig	by airplane	[baɪ 'eəpleɪn]
met de auto	by car	[baɪ kɑː(r)]
per schip (bw)	by ship	[baɪ ʃɪp]
bagage (de)	luggage	['lʌgɪdʒ]
valies (de)	suitcase, luggage	['suːtkeɪs], ['lʌgɪdʒ]
bagagekarretje (het)	luggage cart	['lʌgɪdʒ kɑːt]
paspoort (het)	passport	['pɑːspɔːt]
visum (het)	visa	['viːzə]
kaartje (het)	ticket	['tɪkɪt]
vliegticket (het)	air ticket	['eə 'tɪkɪt]
reisgids (de)	guidebook	['gaɪdbʊk]
kaart (de)	map	[mæp]
gebied (landelijk ~)	area	['eərɪə]
plaats (de)	place, site	[pleɪs], [saɪt]
exotische bestemming (de)	exotic	[ɪg'zɒtɪk]
exotisch (bn)	exotic	[ɪg'zɒtɪk]
verwonderlijk (bn)	amazing	[ə'meɪzɪŋ]
groep (de)	group	[gruːp]
rondleiding (de)	excursion	[ɪk'skɜːʃən]
gids (de)	guide	[gaɪd]

100. Hotel

motel (het)	motel	[məʊ'tel]
3-sterren	three-star	[θriː stɑː(r)]
5-sterren	five-star	[faɪv 'stɑː(r)]

overnachten (ww)	to stay (vi)	[tə steɪ]
kamer (de)	room	[ruːm]
eenpersoonskamer (de)	single room	[ˈsɪŋɡəl ruːm]
tweepersoonskamer (de)	double room	[ˈdʌbəl ruːm]
een kamer reserveren	to book a room	[tə bʊk ə ruːm]
halfpension (het)	half board	[hɑːf bɔːd]
volpension (het)	full board	[fʊl bɔːd]
met badkamer	with bath	[wɪð bɑːθ]
met douche	with shower	[wɪð ˈʃaʊə(r)]
satelliet-tv (de)	satellite television	[ˈsætəlaɪt ˈtelɪˌvɪʒən]
airconditioner (de)	air-conditioner	[eə kənˈdɪʃənə]
handdoek (de)	towel	[ˈtaʊəl]
sleutel (de)	key	[kiː]
administrateur (de)	administrator	[ədˈmɪnɪstreɪtə(r)]
kamermeisje (het)	chambermaid	[ˈtʃeɪmbəˌmeɪd]
piccolo (de)	porter, bellboy	[ˈpɔːtə(r)], [ˈbelbɔɪ]
portier (de)	doorman	[ˈdɔːmən]
restaurant (het)	restaurant	[ˈrestrɒnt]
bar (de)	pub, bar	[pʌb], [bɑː(r)]
ontbijt (het)	breakfast	[ˈbrekfəst]
avondeten (het)	dinner	[ˈdɪnə(r)]
buffet (het)	buffet	[bəˈfeɪ]
lift (de)	elevator	[ˈelɪveɪtə(r)]
NIET STOREN	DO NOT DISTURB	[du nɒt dɪˈstɜːb]
VERBODEN TE ROKEN!	NO SMOKING	[nəʊ ˈsməʊkɪŋ]

TECHNISCHE APPARATUUR. VERVOER

Technische apparatuur

101. Computer

computer (de)	computer	[kəm'pju:tə(r)]
laptop (de)	notebook, laptop	['nəʊtbʊk], ['læptɒp]
aanzetten (ww)	to switch on (vt)	[tə swɪtʃ ɒn]
uitzetten (ww)	to turn off (vt)	[tə tɜ:n ɒf]
toetsenbord (het)	keyboard	['ki:bɔ:d]
toets (enter~)	key	[ki:]
muis (de)	mouse	[maʊs]
muismat (de)	mouse pad	[maʊs pæd]
knopje (het)	button	['bʌtən]
cursor (de)	cursor	['kɜ:sə(r)]
monitor (de)	monitor	['mɒnɪtə(r)]
scherm (het)	screen	[skri:n]
harde schijf (de)	hard disk	[hɑ:d dɪsk]
volume (het) van de harde schijf	hard disk volume	[hɑ:d dɪsk 'vɒlju:m]
geheugen (het)	memory	['memərɪ]
RAM-geheugen (het)	random access memory	['rændəm 'æksɛs 'memərɪ]
bestand (het)	file	[faɪl]
folder (de)	folder	['fəʊldə(r)]
openen (ww)	to open (vt)	[tə 'əʊpən]
sluiten (ww)	to close (vt)	[tə kləʊz]
opslaan (ww)	to save (vt)	[tə seɪv]
verwijderen (wissen)	to delete (vt)	[tə dɪ'li:t]
kopiëren (ww)	to copy (vt)	[tə 'kɒpɪ]
sorteren (ww)	to sort (vt)	[tə sɔ:t]
programma (het)	program	['prəʊgræm]
software (de)	software	['sɒftweə(r)]
programmeur (de)	programmer	['prəʊgræmə(r)]
programmeren (ww)	to program (vt)	[tə 'prəʊgræm]
hacker (computerkraker)	hacker	['hækə(r)]
wachtwoord (het)	password	['pɑ:swɜ:d]
virus (het)	virus	['vaɪrəs]
ontdekken (virus ~)	to find, to detect	[tə faɪnd], [tə dɪ'tekt]
byte (de)	byte	[baɪt]

megabyte (de)	megabyte	[ˈmegəbaɪt]
data (de)	data	[ˈdeɪtə]
databank (de)	database	[ˈdeɪtəbeɪs]

kabel (USB-~, enz.)	cable	[ˈkeɪbəl]
afsluiten (ww)	to disconnect (vt)	[tə ˌdɪskəˈnekt]
aansluiten op (ww)	to connect (vt)	[tə kəˈnekt]

102. Internet. E-mail

internet (het)	Internet	[ˈɪntənet]
browser (de)	browser	[ˈbraʊzə(r)]
zoekmachine (de)	search engine	[sɜːtʃ ˈendʒɪn]
internetprovider (de)	provider	[prəˈvaɪdə(r)]

webmaster (de)	web master	[web ˈmɑːstə(r)]
website (de)	website	[ˈwebsaɪt]
webpagina (de)	web page	[web peɪdʒ]

adres (het)	address	[əˈdres]
adresboek (het)	address book	[əˈdres bʊk]

postvak (het)	mailbox	[ˈmeɪlbɒks]
post (de)	mail	[meɪl]
vol (~ postvak)	full	[fʊl]

bericht (het)	message	[ˈmesɪdʒ]
binnenkomende berichten (mv.)	incoming messages	[ˈɪnˌkʌmɪŋ ˈmesɪdʒɪz]
uitgaande berichten (mv.)	outgoing messages	[ˈaʊtˌɡəʊɪŋ ˈmesɪdʒɪz]

verzender (de)	sender	[ˈsendə(r)]
verzenden (ww)	to send (vt)	[tə send]
verzending (de)	sending	[ˈsendɪŋ]

ontvanger (de)	receiver	[rɪˈsiːvə(r)]
ontvangen (ww)	to receive (vt)	[tə rɪˈsiːv]

correspondentie (de)	correspondence	[ˌkɒrɪˈspɒndəns]
corresponderen (met ...)	to correspond (vi)	[tə ˌkɒrɪˈspɒnd]

bestand (het)	file	[faɪl]
downloaden (ww)	to download (vt)	[tə ˈdaʊnləʊd]
creëren (ww)	to create (vt)	[tə kriːˈeɪt]
verwijderen (een bestand ~)	to delete (vt)	[tə dɪˈliːt]
verwijderd (bn)	deleted	[dɪˈliːtɪd]

verbinding (de)	connection	[kəˈnekʃən]
snelheid (de)	speed	[spiːd]
modem (de)	modem	[ˈməʊdem]
toegang (de)	access	[ˈækses]
poort (de)	port	[pɔːt]
aansluiting (de)	connection	[kəˈnekʃən]
zich aansluiten (ww)	to connect to ...	[tə kəˈnekt tə]

| selecteren (ww) | to select (vt) | [tə sɪ'lekt] |
| zoeken (ww) | to search for ... | [tə sɜːtʃ fɔː(r)] |

103. Elektriciteit

elektriciteit (de)	electricity	[ˌɪlek'trɪsətɪ]
elektrisch (bn)	electrical	[ɪ'lektrɪkəl]
elektriciteitscentrale (de)	electric power station	[ɪ'lektrɪk 'pauə 'steɪʃən]
energie (de)	energy	['enədʒɪ]
elektrisch vermogen (het)	electric power	[ɪ'lektrɪk 'pauə]

lamp (de)	light bulb	['laɪt ˌbʌlb]
zaklamp (de)	flashlight	['flæʃlaɪt]
straatlantaarn (de)	street light	['striːt laɪt]

licht (elektriciteit)	light	[laɪt]
aandoen (ww)	to turn on (vt)	[tə tɜːn ɒn]
uitdoen (ww)	to turn off (vt)	[tə tɜːn ɒf]
het licht uitdoen	to turn off the light	[tə tɜːn ɒf ðə laɪt]

doorbranden (gloeilamp)	to burn out (vi)	[tə bɜːn aut]
kortsluiting (de)	short circuit	[ʃɔːt 'sɜːkɪt]
onderbreking (de)	broken wire	['brəukən 'waɪə]
contact (het)	contact	['kɒntækt]

schakelaar (de)	switch	[swɪtʃ]
stopcontact (het)	wall socket	[wɔːl 'sɒkɪt]
stekker (de)	plug	[plʌg]
verlengsnoer (de)	extension cord	[ɪk'stenʃən ˌkɔːd]

zekering (de)	fuze, fuse	[fjuːz]
kabel (de)	cable, wire	['keɪbəl], ['waɪə]
bedrading (de)	wiring	['waɪərɪŋ]

ampère (de)	ampere	['æmpeə(r)]
stroomsterkte (de)	amperage	['æmpərɪdʒ]
volt (de)	volt	[vəult]
spanning (de)	voltage	['vəultɪdʒ]

| elektrisch toestel (het) | electrical device | [ɪ'lektrɪkəl dɪ'vaɪs] |
| indicator (de) | indicator | ['ɪndɪkeɪtə(r)] |

elektricien (de)	electrician	[ˌɪlek'trɪʃən]
solderen (ww)	to solder (vt)	[tə 'səuldə]
soldeerbout (de)	soldering iron	['səuldərɪŋ 'aɪrən]
stroom (de)	current	['kʌrənt]

104. Gereedschappen

werktuig (stuk gereedschap)	tool, instrument	[tuːl], ['ɪnstrumənt]
gereedschap (het)	tools	[tuːlz]
uitrusting (de)	equipment	[ɪ'kwɪpmənt]

hamer (de)	hammer	[ˈhæmə(r)]
schroevendraaier (de)	screwdriver	[ˈskruːˌdraɪvə(r)]
bijl (de)	ax	[æks]
zaag (de)	saw	[sɔː]
zagen (ww)	to saw (vt)	[tə sɔː]
schaaf (de)	plane	[pleɪn]
schaven (ww)	to plane (vt)	[tə pleɪn]
soldeerbout (de)	soldering iron	[ˈsəʊldərɪŋ ˈaɪrən]
solderen (ww)	to solder (vt)	[tə ˈsəʊldə]
vijl (de)	file	[faɪl]
nijptang (de)	carpenter pincers	[ˈkɑːpəntə ˈpɪnsəz]
combinatietang (de)	lineman's pliers	[ˈlaɪnməns ˈplaɪəz]
beitel (de)	chisel	[ˈtʃɪzəl]
boorkop (de)	drill bit	[drɪl bɪt]
boormachine (de)	electric drill	[ɪˈlektrɪk drɪl]
boren (ww)	to drill (vi, vt)	[tə drɪl]
mes (het)	knife	[naɪf]
zakmes (het)	pocket knife	[ˈpɒkɪt ˌnaɪf]
knip- (abn)	folding	[ˈfəʊldɪŋ]
lemmet (het)	blade	[bleɪd]
scherp (bijv. ~ mes)	sharp	[ʃɑːp]
bot (bn)	blunt	[blʌnt]
bot raken (ww)	to get blunt	[tə get blʌnt]
slijpen (een mes ~)	to sharpen (vt)	[tə ˈʃɑːpən]
bout (de)	bolt	[bəʊlt]
moer (de)	nut	[nʌt]
schroefdraad (de)	thread	[θred]
houtschroef (de)	wood screw	[wʊd skruː]
nagel (de)	nail	[neɪl]
kop (de)	nailhead	[ˈneɪlhed]
liniaal (de/het)	ruler	[ˈruːlə(r)]
rolmeter (de)	tape measure	[teɪp ˈmeʒə(r)]
waterpas (de/het)	spirit level	[ˈspɪrɪt ˈlevəl]
loep (de)	magnifying glass	[ˈmægnɪfaɪɪŋ glɑːs]
meetinstrument (het)	measuring instrument	[ˈmeʒərɪŋ ˈɪnstrʊmənt]
opmeten (ww)	to measure (vt)	[tə ˈmeʒə(r)]
schaal (meetschaal)	scale	[skeɪl]
gegevens (mv.)	readings	[ˈriːdɪŋz]
compressor (de)	compressor	[kəmˈpresə]
microscoop (de)	microscope	[ˈmaɪkrəskəʊp]
pomp (de)	pump	[pʌmp]
robot (de)	robot	[ˈrəʊbɒt]
laser (de)	laser	[ˈleɪzə(r)]
moersleutel (de)	wrench	[rentʃ]
plakband (de)	adhesive tape	[ədˈhiːsɪv teɪp]

lijm (de)	glue	[glu:]
schuurpapier (het)	emery paper	['emərı 'peıpə]
veer (de)	spring	[sprıŋ]
magneet (de)	magnet	['mægnıt]
handschoenen (mv.)	gloves	[glʌvz]

touw (bijv. henneptouw)	rope	['rəʊp]
snoer (het)	cord	[kɔ:d]
draad (de)	wire	['waıə(r)]
kabel (de)	cable	['keıbəl]

moker (de)	sledgehammer	['sledʒˌhæmə(r)]
breekijzer (het)	crowbar	['krəʊbɑ:(r)]
ladder (de)	ladder	['lædə]
trapje (inklapbaar ~)	stepladder	['stepˌlædə(r)]

aanschroeven (ww)	to screw (vt)	[tə skru:]
losschroeven (ww)	to unscrew (vt)	[tə ˌʌn'skru:]
dichtpersen (ww)	to tighten (vt)	[tə 'taıtən]
vastlijmen (ww)	to glue, to stick	[tə glu:], [tə stık]
snijden (ww)	to cut (vt)	[tə kʌt]

defect (het)	malfunction	[ˌmæl'fʌŋkʃən]
reparatie (de)	repair	[rı'peə(r)]
repareren (ww)	to repair (vt)	[tə rı'peə(r)]
regelen (een machine ~)	to adjust (vt)	[tə ə'dʒʌst]

nakijken (ww)	to check (vt)	[tə tʃek]
controle (de)	checking	['tʃekıŋ]
gegevens (mv.)	readings	['ri:dıŋz]

degelijk (bijv. ~ machine)	reliable	[rı'laıəbəl]
ingewikkeld (bn)	complicated	['kɒmplıkeıtıd]

roesten (ww)	to rust (vi)	[tə rʌst]
roestig (bn)	rusty, rusted	['rʌstı], ['rʌstıd]
roest (de/het)	rust	[rʌst]

Vervoer

105. Vliegtuig

vliegtuig (het)	airplane	['eəpleɪn]
vliegticket (het)	air ticket	['eə 'tɪkɪt]
luchtvaartmaatschappij (de)	airline	['eəlaɪn]
luchthaven (de)	airport	['eəpɔːt]
supersonisch (bn)	supersonic	[ˌsuːpə'sɒnɪk]
gezagvoerder (de)	captain	['kæptɪn]
bemanning (de)	crew	[kruː]
piloot (de)	pilot	['paɪlət]
stewardess (de)	flight attendant	[ˌflaɪt ə'tendənt]
stuurman (de)	navigator	['nævɪgeɪtə(r)]
vleugels (mv.)	wings	[wɪŋz]
staart (de)	tail	[teɪl]
cabine (de)	cockpit	['kɒkpɪt]
motor (de)	engine	['endʒɪn]
landingsgestel (het)	undercarriage	['ʌndəˌkærɪdʒ]
turbine (de)	turbine	['tɜːbaɪn]
propeller (de)	propeller	[prə'pelə(r)]
zwarte doos (de)	black box	[blæk bɒks]
stuur (het)	control column	[kən'trəʊl 'kɒləm]
brandstof (de)	fuel	[fjʊəl]
veiligheidskaart (de)	safety card	['seɪftɪ kɑːd]
zuurstofmasker (het)	oxygen mask	['ɒksɪdʒən mɑːsk]
uniform (het)	uniform	['juːnɪfɔːm]
reddingsvest (de)	life vest	['laɪf vest]
parachute (de)	parachute	['pærəʃuːt]
opstijgen (het)	takeoff	[teɪkɒf]
opstijgen (ww)	to take off (vi)	[tə teɪk ɒf]
startbaan (de)	runway	['rʌnˌweɪ]
zicht (het)	visibility	[ˌvɪzɪ'bɪlɪtɪ]
vlucht (de)	flight	[flaɪt]
hoogte (de)	altitude	['æltɪtjuːd]
luchtzak (de)	air pocket	[eə 'pɒkɪt]
plaats (de)	seat	[siːt]
koptelefoon (de)	headphones	['hedfəʊnz]
tafeltje (het)	folding tray	['fəʊldɪŋ treɪ]
venster (het)	window	['wɪndəʊ]
gangpad (het)	aisle	[aɪl]

106. Trein

trein (de)	train	[treɪn]
elektrische trein (de)	suburban train	[sə'bɜːbən treɪn]
sneltrein (de)	express train	[ɪk'spres treɪn]
diesellocomotief (de)	diesel locomotive	['diːzəl ˌləʊkə'məʊtɪv]
locomotief (de)	steam engine	[stiːm 'endʒɪn]
rijtuig (het)	passenger car	['pæsɪndʒə kɑː(r)]
restauratierijtuig (het)	dining car	['daɪnɪŋ kɑː]
rails (mv.)	rails	[reɪlz]
spoorweg (de)	railroad	['reɪlrəʊd]
dwarsligger (de)	railway tie	['reɪlweɪ taɪ]
perron (het)	platform	['plætfɔːm]
spoor (het)	track	[træk]
semafoor (de)	semaphore	['seməfɔː(r)]
halte (bijv. kleine treinhalte)	station	['steɪʃən]
machinist (de)	engineer	[ˌendʒɪ'nɪə(r)]
kruier (de)	porter	['pɔːtə(r)]
conducteur (de)	train steward	['treɪn 'stjʊəd]
passagier (de)	passenger	['pæsɪndʒə(r)]
controleur (de)	conductor	[kən'dʌktə(r)]
gang (in een trein)	corridor	['kɒrɪˌdɔː(r)]
noodrem (de)	emergency break	[ɪ'mɜːdʒənsɪ breɪk]
coupé (de)	compartment	[kəm'pɑːtmənt]
bed (slaapplaats)	berth	[bɜːθ]
bovenste bed (het)	upper berth	['ʌpə bɜːθ]
onderste bed (het)	lower berth	['ləʊə 'bɜːθ]
beddengoed (het)	bed linen	[bed 'lɪnɪn]
kaartje (het)	ticket	['tɪkɪt]
dienstregeling (de)	schedule	['skedʒʊl]
informatiebord (het)	information display	[ˌɪnfə'meɪʃən dɪ'spleɪ]
vertrekken (De trein vertrekt ...)	to leave, to depart	[tə liːv], [tə dɪ'pɑːt]
vertrek (ov. een trein)	departure	[dɪ'pɑːtʃə(r)]
aankomen (ov. de treinen)	to arrive (vi)	[tə ə'raɪv]
aankomst (de)	arrival	[ə'raɪvəl]
aankomen per trein	to arrive by train	[tə ə'raɪv baɪ treɪn]
in de trein stappen	to get on the train	[tə ˌget ɒn ðə 'treɪn]
uit de trein stappen	to get off the train	[tə ˌget əv ðə 'treɪn]
treinwrak (het)	train wreck	[treɪn rek]
ontspoord zijn	to be derailed	[tə bi dɪ'reɪld]
locomotief (de)	steam engine	[stiːm 'endʒɪn]
stoker (de)	stoker, fireman	['stəʊkə], ['faɪəmən]
stookplaats (de)	firebox	['faɪəbɒks]
steenkool (de)	coal	[kəʊl]

107. Schip

schip (het)	ship	[ʃɪp]
vaartuig (het)	vessel	[ˈvesəl]
stoomboot (de)	steamship	[ˈstiːmʃɪp]
motorschip (het)	riverboat	[ˈrɪvəˌbəʊt]
lijnschip (het)	ocean liner	[ˈəʊʃən ˈlaɪnə(r)]
kruiser (de)	cruiser	[ˈkruːzə(r)]
jacht (het)	yacht	[jɒt]
sleepboot (de)	tugboat	[ˈtʌgbəʊt]
duwbak (de)	barge	[bɑːdʒ]
ferryboot (de)	ferry	[ˈferɪ]
zeilboot (de)	sailing ship	[ˈseɪlɪŋ ʃɪp]
brigantijn (de)	brigantine	[ˈbrɪgəntiːn]
IJsbreker (de)	ice breaker	[ˈaɪsˌbreɪkə(r)]
duikboot (de)	submarine	[ˌsʌbməˈriːn]
boot (de)	boat	[bəʊt]
sloep (de)	dinghy	[ˈdɪŋgɪ]
reddingssloep (de)	lifeboat	[ˈlaɪfbəʊt]
motorboot (de)	motorboat	[ˈməʊtəbəʊt]
kapitein (de)	captain	[ˈkæptɪn]
zeeman (de)	seaman	[ˈsiːmən]
matroos (de)	sailor	[ˈseɪlə(r)]
bemanning (de)	crew	[kruː]
bootsman (de)	boatswain	[ˈbəʊsən]
scheepsjongen (de)	ship's boy	[ʃɪps bɔɪ]
kok (de)	cook	[kʊk]
scheepsarts (de)	ship's doctor	[ʃɪps ˈdɒktə(r)]
dek (het)	deck	[dek]
mast (de)	mast	[mɑːst]
zeil (het)	sail	[seɪl]
ruim (het)	hold	[həʊld]
voorsteven (de)	bow	[baʊ]
achtersteven (de)	stern	[stɜːn]
roeispaan (de)	oar	[ɔː(r)]
schroef (de)	propeller	[prəˈpelə(r)]
kajuit (de)	cabin	[ˈkæbɪn]
officierskamer (de)	wardroom	[ˈwɔːdrʊm]
machinekamer (de)	engine room	[ˈendʒɪn ˌruːm]
brug (de)	bridge	[brɪdʒ]
radiokamer (de)	radio room	[ˈreɪdɪəʊ rʊm]
radiogolf (de)	wave	[weɪv]
logboek (het)	logbook	[ˈlɒgbʊk]
verrekijker (de)	spyglass	[ˈspaɪglɑːs]
klok (de)	bell	[bel]

vlag (de)	flag	[flæg]
kabel (de)	rope	['rəʊp]
knoop (de)	knot	[nɒt]

| trapleuning (de) | deckrail | ['dekreɪl] |
| trap (de) | gangway | ['gæŋweɪ] |

anker (het)	anchor	['æŋkə(r)]
het anker lichten	to weigh anchor	[tə weɪ 'æŋkə(r)]
het anker neerlaten	to drop anchor	[tə drɒp 'æŋkə(r)]
ankerketting (de)	anchor chain	['æŋkə ˌtʃeɪn]

haven (bijv. containerhaven)	port	[pɔːt]
kaai (de)	berth, wharf	[bɜːθ], [wɔːf]
aanleggen (ww)	to berth, to moor	[tə bɜːθ], [tə mɔː(r)]
wegvaren (ww)	to cast off	[tə kɑːst ɒf]

reis (de)	trip	[trɪp]
cruise (de)	cruise	[kruːz]
koers (de)	course	[kɔːs]
route (de)	route	[raʊt]

vaarwater (het)	fairway	['feəweɪ]
zandbank (de)	shallows	['ʃæləʊz]
stranden (ww)	to run aground	[tə rʌn ə'graʊnd]

storm (de)	storm	[stɔːm]
signaal (het)	signal	['sɪgnəl]
zinken (ov. een boot)	to sink (vi)	[tə sɪŋk]
Man overboord!	Man overboard!	[ˌmæn 'əʊvəbɔːd]
SOS (noodsignaal)	SOS	[ˌesəʊ'es]
reddingsboei (de)	ring buoy	[rɪŋ bɔɪ]

108. Vliegveld

luchthaven (de)	airport	['eəpɔːt]
vliegtuig (het)	airplane	['eəpleɪn]
luchtvaartmaatschappij (de)	airline	['eəlaɪn]
luchtverkeersleider (de)	air-traffic controller	['eə 'træfɪk kən'trəʊlə]

vertrek (het)	departure	[dɪ'pɑːtʃə(r)]
aankomst (de)	arrival	[ə'raɪvəl]
aankomen (per vliegtuig)	to arrive (vi)	[tə ə'raɪv]

| vertrektijd (de) | departure time | [dɪ'pɑːtʃə ˌtaɪm] |
| aankomstuur (het) | arrival time | [ə'raɪvəl taɪm] |

| vertraagd zijn (ww) | to be delayed | [tə bi dɪ'leɪd] |
| vluchtvertraging (de) | flight delay | [flaɪt dɪ'leɪ] |

informatiebord (het)	information board	[ˌɪnfə'meɪʃən bɔːd]
informatie (de)	information	[ˌɪnfə'meɪʃən]
aankondigen (ww)	to announce (vt)	[tə ə'naʊns]
vlucht (bijv. KLM ~)	flight	[flaɪt]

douane (de)	customs	['kʌstəmz]
douanier (de)	customs officer	['kʌstəmz 'ɒfɪsə(r)]
douaneaangifte (de)	customs declaration	['kʌstəmz ˌdeklə'reɪʃən]
invullen (douaneaangifte ~)	to fill out (vt)	[tə fɪl 'aʊt]
paspoortcontrole (de)	passport control	['pɑːspɔːt kən'trəʊl]
bagage (de)	luggage	['lʌgɪdʒ]
handbagage (de)	hand luggage	['hændˌlʌgɪdʒ]
Gevonden voorwerpen	LOST-AND-FOUND	[lɒst ənd faʊnd]
bagagekarretje (het)	luggage cart	['lʌgɪdʒ kɑːt]
landing (de)	landing	['lændɪŋ]
landingsbaan (de)	runway	['rʌnˌweɪ]
landen (ww)	to land (vi)	[tə lænd]
vliegtuigtrap (de)	airstairs	[eə'steəz]
inchecken (het)	check-in	['tʃek ɪn]
incheckbalie (de)	check-in desk	['tʃek ɪn desk]
inchecken (ww)	to check-in (vi)	[tə tʃek ɪn]
instapkaart (de)	boarding pass	['bɔːdɪŋ pɑːs]
gate (de)	departure gate	[dɪ'pɑːtʃə ˌgeɪt]
transit (de)	transit	['trænsɪt]
wachten (ww)	to wait (vt)	[tə weɪt]
wachtzaal (de)	departure lounge	[dɪ'pɑːtʃə laʊndʒ]

Gebeurtenissen in het leven

109. Vakanties. Evenement

feest (het)	celebration, holiday	[ˌselɪ'breɪʃən], ['hɒlɪdeɪ]
nationale feestdag (de)	national day	['næʃənəl deɪ]
feestdag (de)	public holiday	['pʌblɪk 'hɒlɪdeɪ]
herdenken (ww)	to commemorate (vt)	[tə kə'meməˌreɪt]
gebeurtenis (de)	event	[ɪ'vent]
evenement (het)	event	[ɪ'vent]
banket (het)	banquet	['bæŋkwɪt]
receptie (de)	reception	[rɪ'sepʃən]
feestmaal (het)	feast	[fi:st]
verjaardag (de)	anniversary	[ˌænɪ'vɜ:sərɪ]
jubileum (het)	jubilee	['dʒu:bɪli:]
vieren (ww)	to celebrate (vt)	[tə 'selɪbreɪt]
Nieuwjaar (het)	New Year	[nju: jɪə(r)]
Gelukkig Nieuwjaar!	Happy New Year!	['hæpɪ nju: jɪə(r)]
Sinterklaas (de)	Santa Claus	['sæntə klɔ:z]
Kerstfeest (het)	Christmas	['krɪsməs]
Vrolijk kerstfeest!	Merry Christmas!	[ˌmerɪ 'krɪsməs]
kerstboom (de)	Christmas tree	['krɪsməs tri:]
vuurwerk (het)	fireworks	['faɪəwɜ:ks]
bruiloft (de)	wedding	['wedɪŋ]
bruidegom (de)	groom	[gru:m]
bruid (de)	bride	[braɪd]
uitnodigen (ww)	to invite (vt)	[tə ɪn'vaɪt]
uitnodiging (de)	invitation card	[ˌɪnvɪ'teɪʃən kɑ:d]
gast (de)	guest	[gest]
op bezoek gaan	to visit with …	[tə 'vɪzɪt wɪð]
gasten verwelkomen	to greet the guests	[tə gri:t ðə gest]
geschenk, cadeau (het)	gift, present	[gɪft], ['prezənt]
geven (iets cadeau ~)	to give (vt)	[tə gɪv]
geschenken ontvangen	to receive gifts	[tə rɪ'si:v gɪfts]
boeket (het)	bouquet	[bʊ'keɪ]
felicitaties (mv.)	congratulations	[kənˌgrætʃʊ'leɪʃənz]
feliciteren (ww)	to congratulate (vt)	[tə kən'grætʃʊleɪt]
wenskaart (de)	greeting card	['gri:tɪŋ kɑ:d]
een kaartje versturen	to send a postcard	[tə ˌsend ə 'pəʊstkɑ:d]
een kaartje ontvangen	to get a postcard	[tə get ə 'pəʊstkɑ:d]

toast (de)	toast	[təʊst]
aanbieden (een drankje ~)	to offer (vt)	[tə 'ɒfə(r)]
champagne (de)	champagne	[ʃæm'peɪn]

plezier hebben (ww)	to enjoy oneself	[tə ɪn'dʒɔɪ wʌn'self]
plezier (het)	fun, merriment	[fʌn], ['merɪmənt]
vreugde (de)	joy	[dʒɔɪ]

| dans (de) | dance | [dɑ:ns] |
| dansen (ww) | to dance (vi, vt) | [tə dɑ:ns] |

| wals (de) | waltz | [wɔ:ls] |
| tango (de) | tango | ['tæŋgəʊ] |

110. Begrafenissen. Begrafenis

kerkhof (het)	cemetery	['semɪtrɪ]
graf (het)	grave, tomb	[greɪv], [tu:m]
grafsteen (de)	gravestone	['greɪvstəʊn]
omheining (de)	fence	[fens]
kapel (de)	chapel	['tʃæpəl]

dood (de)	death	[deθ]
sterven (ww)	to die (vi)	[tə daɪ]
overledene (de)	the deceased	[ðə dɪ'si:st]
rouw (de)	mourning	['mɔ:nɪŋ]

begraven (ww)	to bury (vt)	[tə 'berɪ]
begrafenisonderneming (de)	funeral home	['fju:nərəl həʊm]
begrafenis (de)	funeral	['fju:nərəl]

krans (de)	wreath	[ri:θ]
doodskist (de)	casket	['kɑ:skɪt]
lijkwagen (de)	hearse	[hɜ:s]
lijkkleed (de)	shroud	[ʃraʊd]

begrafenisstoet (de)	funeral procession	['fju:nərəl prə'seʃən]
urn (de)	cremation urn	[krɪ'meɪʃən ˌɜ:n]
crematorium (het)	crematory	['kreməˌtəʊrɪ]

overlijdensbericht (het)	obituary	[ə'bɪtʃʊərɪ]
huilen (wenen)	to cry (vi)	[tə kraɪ]
snikken (huilen)	to sob (vi)	[tə sɒb]

111. Oorlog. Soldaten

peloton (het)	platoon	[plə'tu:n]
compagnie (de)	company	['kʌmpənɪ]
regiment (het)	regiment	['redʒɪmənt]
leger (armee)	army	['ɑ:mɪ]
divisie (de)	division	[dɪ'vɪʒən]
sectie (de)	section, squad	['sekʃən], [skwɒd]

troep (de)	host	[həʊst]
soldaat (militair)	soldier	[ˈsəʊldʒə(r)]
officier (de)	officer	[ˈɒfɪsə(r)]
soldaat (rang)	private	[ˈpraɪvɪt]
sergeant (de)	sergeant	[ˈsɑːdʒənt]
luitenant (de)	lieutenant	[luːˈtenənt]
kapitein (de)	captain	[ˈkæptɪn]
majoor (de)	major	[ˈmeɪdʒə(r)]
kolonel (de)	colonel	[ˈkɜːnəl]
generaal (de)	general	[ˈdʒenərəl]
matroos (de)	sailor	[ˈseɪlə(r)]
kapitein (de)	captain	[ˈkæptɪn]
bootsman (de)	boatswain	[ˈbəʊsən]
artillerist (de)	artilleryman	[ɑːˈtɪlərɪmən]
valschermjager (de)	paratrooper	[ˈpærətruːpə(r)]
piloot (de)	pilot	[ˈpaɪlət]
stuurman (de)	navigator	[ˈnævɪɡeɪtə(r)]
mecanicien (de)	mechanic	[mɪˈkænɪk]
sappeur (de)	pioneer	[ˌpaɪəˈnɪə(r)]
parachutist (de)	parachutist	[ˈpærəʃuːtɪst]
verkenner (de)	scout	[skaʊt]
scherpschutter (de)	sniper	[ˈsnaɪpə(r)]
patrouille (de)	patrol	[pəˈtrəʊl]
patrouilleren (ww)	to patrol (vi, vt)	[tə pəˈtrəʊl]
wacht (de)	sentry, guard	[ˈsentrɪ], [ɡɑːd]
krijger (de)	warrior	[ˈwɒrɪə(r)]
held (de)	hero	[ˈhɪərəʊ]
heldin (de)	heroine	[ˈherəʊɪn]
patriot (de)	patriot	[ˈpeɪtrɪət]
verrader (de)	traitor	[ˈtreɪtə(r)]
verraden (ww)	to betray (vt)	[tə bɪˈtreɪ]
deserteur (de)	deserter	[dɪˈzɜːtə(r)]
deserteren (ww)	to desert (vi)	[tə dɪˈzɜːt]
huurling (de)	mercenary	[ˈmɜːsɪnərɪ]
rekruut (de)	recruit	[rɪˈkruːt]
vrijwilliger (de)	volunteer	[ˌvɒlənˈtɪə(r)]
gedode (de)	dead	[ded]
gewonde (de)	wounded	[ˈwuːndɪd]
krijgsgevangene (de)	prisoner of war	[ˈprɪzənə əv wɔː]

112. Oorlog. Militaire acties. Deel 1

oorlog (de)	war	[wɔː(r)]
oorlog voeren (ww)	to be at war	[tə bi ət wɔː]

burgeroorlog (de)	civil war	[ˈsɪvəl wɔː]
achterbaks (bw)	treacherously	[ˈtretʃərəslɪ]
oorlogsverklaring (de)	declaration of war	[ˌdekləˈreɪʃən əv wɔː]
verklaren (de oorlog ~)	to declare (vt)	[tə dɪˈkleə(r)]
agressie (de)	aggression	[əˈgreʃən]
aanvallen (binnenvallen)	to attack (vt)	[tə əˈtæk]
binnenvallen (ww)	to invade (vt)	[tu ɪnˈveɪd]
invaller (de)	invader	[ɪnˈveɪdə(r)]
veroveraar (de)	conqueror	[ˈkɒŋkərə(r)]
verdediging (de)	defense	[dɪˈfens]
verdedigen (je land ~)	to defend (vt)	[tə dɪˈfend]
zich verdedigen (ww)	to defend (against ...)	[tə dɪˈfend]
vijand (de)	enemy, hostile	[ˈenɪmɪ], [ˈhɒstəl]
vijandelijk (bn)	enemy	[ˈenɪmɪ]
strategie (de)	strategy	[ˈstrætɪdʒɪ]
tactiek (de)	tactics	[ˈtæktɪks]
order (de)	order	[ˈɔːdə(r)]
bevel (het)	command	[kəˈmɑːnd]
bevelen (ww)	to order (vt)	[tə ˈɔːdə(r)]
opdracht (de)	mission	[ˈmɪʃən]
geheim (bn)	secret	[ˈsiːkrɪt]
veldslag (de)	battle	[ˈbætəl]
strijd (de)	combat	[ˈkɒmbæt]
aanval (de)	attack	[əˈtæk]
bestorming (de)	storming	[ˈstɔːmɪŋ]
bestormen (ww)	to storm (vt)	[tə stɔːm]
bezetting (de)	siege	[siːdʒ]
aanval (de)	offensive	[əˈfensɪv]
in het offensief te gaan	to go on the offensive	[tə gəʊ ɒn ði əˈfensɪv]
terugtrekking (de)	retreat	[rɪˈtriːt]
zich terugtrekken (ww)	to retreat (vi)	[tə rɪˈtriːt]
omsingeling (de)	encirclement	[ɪnˈsɜːkəlmənt]
omsingelen (ww)	to encircle (vt)	[tə ɪnˈsɜːkəl]
bombardement (het)	bombing	[ˈbɒmɪŋ]
een bom gooien	to drop a bomb	[tə drɒp ə bɒm]
bombarderen (ww)	to bomb (vt)	[tə bɒm]
ontploffing (de)	explosion	[ɪkˈspləʊʒən]
schot (het)	shot	[ʃɒt]
een schot lossen	to fire a shot	[tə ˌfaɪə ə ˈʃɒt]
schieten (het)	firing	[ˈfaɪərɪŋ]
mikken op (ww)	to aim (vt)	[tə eɪm]
aanleggen (een wapen ~)	to point (vt)	[tə pɔɪnt]
treffen (doelwit ~)	to hit (vt)	[tə hɪt]

zinken (tot zinken brengen)	to sink (vt)	[tə sɪŋk]
kogelgat (het)	hole	[həʊl]
zinken (gezonken zijn)	to founder, to sink (vi)	[tə 'faʊndə(r)], [tə sɪŋk]
front (het)	front	[frʌnt]
hinterland (het)	rear, homefront	[rɪə(r)], [həʊmfrʌnt]
evacuatie (de)	evacuation	[ɪˌvækjʊ'eɪʃən]
evacueren (ww)	to evacuate (vt)	[tə ɪ'vækjʊeɪt]
loopgraaf (de)	trench	[trentʃ]
prikkeldraad (de)	barbwire	['bɑːbˌwaɪə(r)]
verdedigingsobstakel (het)	barrier	['bærɪə(r)]
wachttoren (de)	watchtower	['wɒtʃˌtaʊə(r)]
hospitaal (het)	hospital	['hɒspɪtəl]
verwonden (ww)	to wound (vt)	[tə wuːnd]
wond (de)	wound	[wuːnd]
gewonde (de)	wounded	['wuːndɪd]
gewond raken (ww)	to be wounded	[tə bi 'wuːndɪd]
ernstig (~e wond)	serious	['sɪərɪəs]

113. Oorlog. Militaire acties. Deel 2

krijgsgevangenschap (de)	captivity	[kæp'tɪvətɪ]
krijgsgevangen nemen	to take sb captive	[tə teɪk … 'kæptɪv]
krijgsgevangene zijn	to be in captivity	[tə bi ɪn kæp'tɪvətɪ]
krijgsgevangen genomen worden	to be taken prisoner	[tə bi 'teɪkən 'prɪzənə(r)]
concentratiekamp (het)	concentration camp	[ˌkɒnsən'treɪʃən kæmp]
krijgsgevangene (de)	prisoner of war	['prɪzənə əv wɔː]
vluchten (ww)	to escape (vi)	[tə ɪ'skeɪp]
fusilleren (executeren)	to execute (vt)	[tə 'eksɪkjuːt]
executie (de)	execution	[ˌeksɪ'kjuːʃən]
uitrusting (de)	equipment	[ɪ'kwɪpmənt]
schouderstuk (het)	shoulder board	['ʃəʊldə bɔːd]
gasmasker (het)	gas mask	['gæs mɑːsk]
portofoon (de)	radio transmitter	['reɪdɪəʊ trænz'mɪtə]
geheime code (de)	cipher, code	['saɪfə(r)], [kəʊd]
samenzwering (de)	secrecy	['siːkrəsɪ]
wachtwoord (het)	password	['pɑːswɜːd]
mijn (landmijn)	land mine	[lænd maɪn]
ondermijnen (legden mijnen)	to mine (vt)	[tə maɪn]
mijnenveld (het)	minefield	['maɪnfiːld]
luchtalarm (het)	air-raid warning	[eə reɪd 'wɔːnɪŋ]
alarm (het)	alarm	[ə'lɑːm]
signaal (het)	signal	['sɪgnəl]
vuurpijl (de)	signal flare	['sɪgnəl fleə(r)]
staf (generale ~)	headquarters	[ˌhed'kwɔːtəz]

verkenningstocht (de)	reconnaissance	[rɪ'kɒnɪsəns]
toestand (de)	situation	[ˌsɪtjʊ'eɪʃən]
rapport (het)	report	[rɪ'pɔːt]
hinderlaag (de)	ambush	['æmbʊʃ]
versterking (de)	reinforcement	[ˌriːɪn'fɔːsmənt]

doel (bewegend ~)	target	['tɑːgɪt]
proefterrein (het)	proving ground	['pruːvɪŋ graʊnd]
manoeuvres (mv.)	military exercise	['mɪlɪtərɪ 'eksəsaɪz]

paniek (de)	panic	['pænɪk]
verwoesting (de)	devastation	[ˌdevə'steɪʃən]
verwoestingen (mv.)	destruction, ruins	[dɪ'strʌkʃən], ['ruːɪnz]
verwoesten (ww)	to destroy (vt)	[tə dɪ'strɔɪ]

overleven (ww)	to survive (vi, vt)	[tə sə'vaɪv]
ontwapenen (ww)	to disarm (vt)	[tə dɪs'ɑːm]
behandelen (een pistool ~)	to handle (vt)	[tə 'hændəl]

Geeft acht!	Attention!	[ə'tenʃən]
Op de plaats rust!	At ease!	[ət 'iːz]

heldendaad (de)	feat	[fiːt]
eed (de)	oath	[əʊθ]
zweren (een eed doen)	to swear (vi, vt)	[tə sweə(r)]

decoratie (de)	decoration	[ˌdekə'reɪʃən]
onderscheiden	to award (vt)	[tə ə'wɔːd]
(een ereteken geven)		
medaille (de)	medal	['medəl]
orde (de)	order	['ɔːdə(r)]

overwinning (de)	victory	['vɪktərɪ]
verlies (het)	defeat	[dɪ'fiːt]
wapenstilstand (de)	armistice	['ɑːmɪstɪs]

wimpel (vaandel)	banner, standard	['bænə], ['stændəd]
roem (de)	glory	['glɔːrɪ]
parade (de)	parade	[pə'reɪd]
marcheren (ww)	to march (vi)	[tə mɑːtʃ]

114. Wapens

wapens (mv.)	weapons	['wepənz]
vuurwapens (mv.)	firearm	['faɪərɑːm]
koude wapens (mv.)	cold weapons	[ˌkəʊld 'wepənz]

chemische wapens (mv.)	chemical weapons	['kemɪkəl 'wepənz]
kern-, nucleair (bn)	nuclear	['njuːklɪə(r)]
kernwapens (mv.)	nuclear weapons	['njuːklɪə 'wepənz]

bom (de)	bomb	[bɒm]
atoombom (de)	atomic bomb	[ə'tɒmɪk bɒm]
pistool (het)	pistol	['pɪstəl]

Dutch	English	IPA
geweer (het)	rifle	['raɪfəl]
machinepistool (het)	submachine gun	[ˌsʌbmə'ʃi:n gʌn]
machinegeweer (het)	machine gun	[mə'ʃi:n gʌn]
loop (schietbuis)	muzzle	['mʌzəl]
loop (bijv. geweer met kortere ~)	barrel	['bærəl]
kaliber (het)	caliber	['kælɪbə(r)]
trekker (de)	trigger	['trɪgə(r)]
korrel (de)	sight	[saɪt]
magazijn (het)	magazine	[ˌmægə'zi:n]
geweerkolf (de)	butt	[bʌt]
granaat (handgranaat)	hand grenade	[hænd grə'neɪd]
explosieven (mv.)	explosive	[ɪk'spləʊsɪv]
kogel (de)	bullet	['bʊlɪt]
patroon (de)	cartridge	['kɑ:trɪdʒ]
lading (de)	charge	[tʃɑ:dʒ]
ammunitie (de)	ammunition	[ˌæmjʊ'nɪʃən]
bommenwerper (de)	bomber	['bɒmə(r)]
straaljager (de)	fighter	['faɪtə(r)]
helikopter (de)	helicopter	['helɪkɒptə(r)]
afweergeschut (het)	anti-aircraft gun	['æntɪ 'eəkrɑ:ft gʌn]
tank (de)	tank	[tæŋk]
kanon (tank met een ~ van 76 mm)	tank gun	['tæŋk ˌgʌn]
artillerie (de)	artillery	[ɑ:'tɪlərɪ]
kanon (het)	cannon	['kænən]
projectiel (het)	shell	[ʃel]
mortiergranaat (de)	mortar bomb	['mɔ:tə bɒm]
mortier (de)	mortar	['mɔ:tə(r)]
granaatscherf (de)	splinter	['splɪntə(r)]
duikboot (de)	submarine	[ˌsʌbmə'ri:n]
torpedo (de)	torpedo	[tɔ:'pi:dəʊ]
raket (de)	missile	['mɪsəl]
laden (geweer, kanon)	to load (vt)	[tə ləʊd]
schieten (ww)	to shoot (vi)	[tə ʃu:t]
richten op (mikken)	to take aim at ...	[tə teɪk eɪm ət]
bajonet (de)	bayonet	['beɪənɪt]
degen (de)	epee	['eɪpeɪ]
sabel (de)	saber	['seɪbə(r)]
speer (de)	spear	[spɪə(r)]
boog (de)	bow	[bəʊ]
pijl (de)	arrow	['ærəʊ]
musket (de)	musket	['mʌskɪt]
kruisboog (de)	crossbow	['krɒsbəʊ]

115. Oude mensen

primitief (bn)	primitive	[ˈprɪmɪtɪv]
voorhistorisch (bn)	prehistoric	[ˌpriːhɪˈstɒrɪk]
eeuwenoude (~ beschaving)	ancient	[ˈeɪnʃənt]

Steentijd (de)	Stone Age	[ˌstəʊn ˈeɪdʒ]
Bronstijd (de)	Bronze Age	[ˈbrɒnz ˌeɪdʒ]
IJstijd (de)	Ice Age	[ˈaɪs ˌeɪdʒ]

stam (de)	tribe	[traɪb]
menseneter (de)	cannibal	[ˈkænɪbəl]
jager (de)	hunter	[ˈhʌntə(r)]
jagen (ww)	to hunt (vi, vt)	[tə hʌnt]
mammoet (de)	mammoth	[ˈmæməθ]

grot (de)	cave	[keɪv]
vuur (het)	fire	[ˈfaɪə(r)]
kampvuur (het)	campfire	[ˈkæmpˌfaɪə(r)]
rotstekening (de)	rock painting	[rɒk ˈpeɪntɪŋ]

werkinstrument (het)	tool	[tuːl]
speer (de)	spear	[spɪə(r)]
stenen bijl (de)	stone ax	[stəʊn æks]
oorlog voeren (ww)	to be at war	[tə bi ət wɔː]
temmen (bijv. wolf ~)	to domesticate (vt)	[tə dəˈmestɪkeɪt]

idool (het)	idol	[ˈaɪdəl]
aanbidden (ww)	to worship (vt)	[tə ˈwɜːʃɪp]
bijgeloof (het)	superstition	[ˌsuːpəˈstɪʃən]
ritueel (het)	rite	[raɪt]

evolutie (de)	evolution	[ˌiːvəˈluːʃən]
ontwikkeling (de)	development	[dɪˈveləpmənt]
verdwijning (de)	disappearance	[ˌdɪsəˈpɪərəns]
zich aanpassen (ww)	to adapt oneself	[tə əˈdæpt wʌnˈself]

archeologie (de)	archeology	[ˌɑːkɪˈɒlədʒɪ]
archeoloog (de)	archeologist	[ˌɑːkɪˈɒlədʒɪst]
archeologisch (bn)	archeological	[ˌɑːkɪəˈlɒdʒɪkəl]

opgravingsplaats (de)	excavation site	[ˌekskəˈveɪʃən saɪt]
opgravingen (mv.)	excavations	[ˌekskəˈveɪʃənz]
vondst (de)	find	[faɪnd]
fragment (het)	fragment	[ˈfrægmənt]

116. Middeleeuwen

volk (het)	people	[ˈpiːpəl]
volkeren (mv.)	peoples	[ˈpiːpəlz]
stam (de)	tribe	[traɪb]
stammen (mv.)	tribes	[traɪbz]
barbaren (mv.)	barbarians	[bɑːˈbeərɪənz]

Nederlands	English	Pronunciation
Galliërs (mv.)	Gauls	[gɔːlz]
Goten (mv.)	Goths	[gɒθs]
Slaven (mv.)	Slavs	[slɑːvz]
Vikings (mv.)	Vikings	[ˈvaɪkɪŋz]
Romeinen (mv.)	Romans	[ˈreʊmənz]
Romeins (bn)	Roman	[ˈreʊmən]
Byzantijnen (mv.)	Byzantines	[ˈbɪzəntiːnz]
Byzantium (het)	Byzantium	[bɪˈzæntɪəm]
Byzantijns (bn)	Byzantine	[ˈbɪzəntiːn]
keizer (bijv. Romeinse ~)	emperor	[ˈempərə(r)]
opperhoofd (het)	leader, chief	[ˈliːdə], [tʃiːf]
machtig (bn)	powerful	[ˈpaʊəfʊl]
koning (de)	king	[kɪŋ]
heerser (de)	ruler	[ˈruːlə(r)]
ridder (de)	knight	[naɪt]
feodaal (de)	feudal lord	[ˈfjuːdəl lɔːd]
feodaal (bn)	feudal	[ˈfjuːdəl]
vazal (de)	vassal	[ˈvæsəl]
hertog (de)	duke	[duːk]
graaf (de)	earl	[ɜːl]
baron (de)	baron	[ˈbærən]
bisschop (de)	bishop	[ˈbɪʃəp]
harnas (het)	armor	[ˈɑːmə(r)]
schild (het)	shield	[ʃiːld]
zwaard (het)	sword	[sɔːd]
vizier (het)	visor	[ˈvaɪzə(r)]
maliënkolder (de)	chainmail	[tʃeɪn meɪl]
kruistocht (de)	crusade	[kruːˈseɪd]
kruisvaarder (de)	crusader	[kruːˈseɪdə(r)]
gebied (bijv. bezette ~en)	territory	[ˈterətrɪ]
aanvallen (binnenvallen)	to attack (vt)	[tə əˈtæk]
veroveren (ww)	to conquer (vt)	[tə ˈkɒŋkə(r)]
innemen (binnenvallen)	to occupy (vt)	[tə ˈɒkjʊpaɪ]
bezetting (de)	siege	[siːdʒ]
bezet (bn)	besieged	[bɪˈsiːdʒd]
belegeren (ww)	to besiege (vt)	[tə bɪˈsiːdʒ]
inquisitie (de)	inquisition	[ˌɪnkwɪˈzɪʃən]
inquisiteur (de)	inquisitor	[ɪnˈkwɪzɪtə(r)]
foltering (de)	torture	[ˈtɔːtʃə(r)]
wreed (bn)	cruel	[krʊəl]
ketter (de)	heretic	[ˈherətɪk]
ketterij (de)	heresy	[ˈherəsɪ]
zeevaart (de)	seafaring	[ˈsiːˌfeərɪŋ]
piraat (de)	pirate	[ˈpaɪrət]
piraterij (de)	piracy	[ˈpaɪrəsɪ]

enteren (het)	boarding	[ˈbɔːdɪŋ]
buit (de)	loot	[luːt]
schatten (mv.)	treasures	[ˈtreʒəz]
ontdekking (de)	discovery	[dɪˈskʌvərɪ]
ontdekken (bijv. nieuw land)	to discover (vt)	[tə dɪˈskʌvə(r)]
expeditie (de)	expedition	[ˌekspɪˈdɪʃən]
musketier (de)	musketeer	[ˌmʌskɪˈtɪə(r)]
kardinaal (de)	cardinal	[ˈkɑːdɪnəl]
heraldiek (de)	heraldry	[ˈherəldrɪ]
heraldisch (bn)	heraldic	[heˈrældɪk]

117. Leider. Baas. Autoriteiten

koning (de)	king	[kɪŋ]
koningin (de)	queen	[kwiːn]
koninklijk (bn)	royal	[ˈrɔɪəl]
koninkrijk (het)	kingdom	[ˈkɪŋdəm]
prins (de)	prince	[prɪns]
prinses (de)	princess	[prɪnˈses]
president (de)	president	[ˈprezɪdənt]
vicepresident (de)	vice-president	[vaɪs ˈprezɪdənt]
senator (de)	senator	[ˈsenətə(r)]
monarch (de)	monarch	[ˈmɒnək]
heerser (de)	ruler	[ˈruːlə(r)]
dictator (de)	dictator	[dɪkˈteɪtə(r)]
tiran (de)	tyrant	[ˈtaɪrənt]
magnaat (de)	magnate	[ˈmægneɪt]
directeur (de)	director	[dɪˈrektə(r)]
chef (de)	chief	[tʃiːf]
beheerder (de)	manager	[ˈmænɪdʒə(r)]
baas (de)	boss	[bɒs]
eigenaar (de)	owner	[ˈəʊnə(r)]
leider (de)	leader	[ˈliːdə(r)]
hoofd (bijv. ~ van de delegatie)	head	[hed]
autoriteiten (mv.)	authorities	[ɔːˈθɒrətɪz]
superieuren (mv.)	superiors	[suːˈpɪərɪərz]
gouverneur (de)	governor	[ˈgʌvənə(r)]
consul (de)	consul	[ˈkɒnsəl]
diplomaat (de)	diplomat	[ˈdɪpləmæt]
burgemeester (de)	mayor	[meə(r)]
sheriff (de)	sheriff	[ˈʃerɪf]
keizer (bijv. Romeinse ~)	emperor	[ˈempərə(r)]
tsaar (de)	tsar	[zɑː(r)]
farao (de)	pharaoh	[ˈfeərəʊ]
kan (de)	khan	[kɑːn]

118. De wet overtreden. Criminelen. Deel 1

bandiet (de)	bandit	['bændɪt]
misdaad (de)	crime	[kraɪm]
misdadiger (de)	criminal	['krɪmɪnəl]

dief (de)	thief	[θiːf]
stelen (ww)	to steal (vt)	[tə stiːl]
stelen (de)	stealing	['stiːlɪŋ]
diefstal (de)	theft	[θeft]

kidnappen (ww)	to kidnap (vt)	[tə 'kɪdnæp]
kidnapping (de)	kidnapping	['kɪdnæpɪŋ]
kidnapper (de)	kidnapper	['kɪdnæpə(r)]

losgeld (het)	ransom	['rænsəm]
eisen losgeld (ww)	to demand ransom	[tə dɪ'mɑːnd 'rænsəm]

overvallen (ww)	to rob (vt)	[tə rɒb]
overval (de)	robbery	['rɒbərɪ]
overvaller (de)	robber	['rɒbə(r)]

afpersen (ww)	to extort (vt)	[tə ɪk'stɔːt]
afperser (de)	extortionist	[ɪk'stɔːʃənɪst]
afpersing (de)	extortion	[ɪk'stɔːʃən]

vermoorden (ww)	to murder, to kill	[tə 'mɜːdə(r)], [tə kɪl]
moord (de)	murder	['mɜːdə(r)]
moordenaar (de)	murderer	['mɜːdərə(r)]

schot (het)	gunshot	['gʌnʃɒt]
een schot lossen	to fire a shot	[tə ˌfaɪə ə 'ʃɒt]
neerschieten (ww)	to shoot to death	[tə ʃuːt tə deθ]
schieten (ww)	to shoot (vi)	[tə ʃuːt]
schieten (het)	shooting	['ʃuːtɪŋ]

ongeluk (gevecht, enz.)	incident	['ɪnsɪdənt]
gevecht (het)	fight, brawl	[faɪt], [brɔːl]
Help!	Help!	[help]
slachtoffer (het)	victim	['vɪktɪm]

beschadigen (ww)	to damage (vt)	[tə 'dæmɪdʒ]
schade (de)	damage	['dæmɪdʒ]
lijk (het)	dead body	[ded 'bɒdɪ]
zwaar (~ misdrijf)	grave	[greɪv]

aanvallen (ww)	to attack (vt)	[tə ə'tæk]
slaan (iemand ~)	to beat (vt)	[tə biːt]
in elkaar slaan (toetakelen)	to beat ... up	[tə biːt ... ʌp]
ontnemen (beroven)	to take (vt)	[tə teɪk]
steken (met een mes)	to stab to death	[tə stæb tə deθ]
verminken (ww)	to maim (vt)	[tə meɪm]
verwonden (ww)	to wound (vt)	[tə wuːnd]
chantage (de)	blackmail	['blækˌmeɪl]
chanteren (ww)	to blackmail (vt)	[tə 'blækˌmeɪl]

chanteur (de)	blackmailer	[ˈblækˌmeɪlə(r)]
afpersing (de)	protection racket	[prəˈtekʃən ˈrækɪt]
afperser (de)	racketeer	[ˌrækəˈtɪə(r)]
gangster (de)	gangster	[ˈgæŋstə(r)]
maffia (de)	mafia, Mob	[ˈmæfɪə], [mɒb]

kruimeldief (de)	pickpocket	[ˈpɪkˌpɒkɪt]
inbreker (de)	burglar	[ˈbɜːglə]
smokkelen (het)	smuggling	[ˈsmʌglɪŋ]
smokkelaar (de)	smuggler	[ˈsmʌglə(r)]

namaak (de)	forgery	[ˈfɔːdʒərɪ]
namaken (ww)	to forge (vt)	[tə fɔːdʒ]
namaak-, vals (bn)	fake, forged	[feɪk], [fɔːdʒd]

119. De wet overtreden. Criminelen. Deel 2

verkrachting (de)	rape	[reɪp]
verkrachten (ww)	to rape (vt)	[tə reɪp]
verkrachter (de)	rapist	[ˈreɪpɪst]
maniak (de)	maniac	[ˈmeɪnɪæk]

prostituee (de)	prostitute	[ˈprɒstɪtjuːt]
prostitutie (de)	prostitution	[ˌprɒstɪˈtjuːʃən]
pooier (de)	pimp	[pɪmp]

| drugsverslaafde (de) | drug addict | [ˈdrʌgˌædɪkt] |
| drugshandelaar (de) | drug dealer | [ˈdrʌg ˌdiːlə(r)] |

opblazen (ww)	to blow up (vt)	[tə bləʊ ʌp]
explosie (de)	explosion	[ɪkˈspləʊʒən]
in brand steken (ww)	to set fire	[tə set ˈfaɪə(r)]
brandstichter (de)	arsonist	[ˈɑːsənɪst]

terrorisme (het)	terrorism	[ˈterərɪzəm]
terrorist (de)	terrorist	[ˈterərɪst]
gijzelaar (de)	hostage	[ˈhɒstɪdʒ]

bedriegen (ww)	to swindle (vt)	[tə ˈswɪndəl]
bedrog (het)	swindle, deception	[ˈswɪndəl], [dɪˈsepʃən]
oplichter (de)	swindler	[ˈswɪndlə(r)]

omkopen (ww)	to bribe (vt)	[tə braɪb]
omkoperij (de)	bribery	[ˈbraɪbərɪ]
smeergeld (het)	bribe	[braɪb]

vergif (het)	poison	[ˈpɔɪzən]
vergiftigen (ww)	to poison (vt)	[tə ˈpɔɪzən]
vergif innemen (ww)	to poison oneself	[tə ˈpɔɪzən wʌnˈself]

zelfmoord (de)	suicide	[ˈsuːɪsaɪd]
zelfmoordenaar (de)	suicide	[ˈsuːɪsaɪd]
bedreigen	to threaten (vt)	[tə ˈθretən]
(bijv. met een pistool)		

Nederlands	English	Pronunciation
bedreiging (de)	threat	[θret]
een aanslag plegen	to make an attempt	[tə meɪk ən ə'tempt]
aanslag (de)	attempt	[ə'tempt]
stelen (een auto)	to steal (vt)	[tə stiːl]
kapen (een vliegtuig)	to hijack (vt)	[tə 'haɪdʒæk]
wraak (de)	revenge	[rɪ'vendʒ]
wreken (ww)	to avenge (vt)	[tə ə'vendʒ]
martelen (gevangenen)	to torture (vt)	[tə 'tɔːtʃə(r)]
foltering (de)	torture	['tɔːtʃə(r)]
folteren (ww)	to torment (vt)	[tə tɔː'ment]
piraat (de)	pirate	['paɪrət]
straatschender (de)	hooligan	['huːlɪɡən]
gewapend (bn)	armed	[ɑːmd]
geweld (het)	violence	['vaɪələns]
onwettig (strafbaar)	illegal	[ɪ'liːɡəl]
spionage (de)	spying	['spaɪɪŋ]
spioneren (ww)	to spy (vi)	[tə spaɪ]

120. Politie. Wet. Deel 1

gerecht (het)	justice	['dʒʌstɪs]
gerechtshof (het)	court	[kɔːt]
rechter (de)	judge	[dʒʌdʒ]
jury (de)	jurors	['dʒʊərəz]
juryrechtspraak (de)	jury trial	['dʒʊərɪ 'traɪəl]
berechten (ww)	to judge (vt)	[tə dʒʌdʒ]
advocaat (de)	lawyer, attorney	['lɔːjə(r)], [ə'tɜːnɪ]
beklaagde (de)	accused	[ə'kjuːzd]
beklaagdenbank (de)	dock	[dɒk]
beschuldiging (de)	charge	[tʃɑːdʒ]
beschuldigde (de)	accused	[ə'kjuːzd]
vonnis (het)	sentence	['sentəns]
veroordelen (in een rechtszaak)	to sentence (vt)	[tə 'sentəns]
straffen (ww)	to punish (vt)	[tə 'pʌnɪʃ]
bestraffing (de)	punishment	['pʌnɪʃmənt]
boete (de)	fine	[faɪn]
levenslange opsluiting (de)	life imprisonment	[laɪf ɪm'prɪzənmənt]
doodstraf (de)	death penalty	['deθ ˌpenəltɪ]
elektrische stoel (de)	electric chair	[ɪ'lektrɪk 'tʃeə(r)]
schavot (het)	gallows	['ɡæləʊz]
executeren (ww)	to execute (vt)	[tə 'eksɪkjuːt]
executie (de)	execution	[ˌeksɪ'kjuːʃən]

gevangenis (de)	prison, jail	['prızən], [dʒeıl]
cel (de)	cell	[sel]
konvooi (het)	escort	['eskɔːt]
gevangenisbewaker (de)	prison guard	['prızən gɑːd]
gedetineerde (de)	prisoner	['prızənə(r)]
handboeien (mv.)	handcuffs	['hændkʌfs]
handboeien omdoen	to handcuff (vt)	[tə 'hændkʌf]
ontsnapping (de)	prison break	['prızən breık]
ontsnappen (ww)	to break out (vi)	[tə breık 'aʊt]
verdwijnen (ww)	to disappear (vi)	[tə ˌdısə'pıə(r)]
vrijlaten (uit de gevangenis)	to release (vt)	[tə rı'liːs]
amnestie (de)	amnesty	['æmnəstı]
politie (de)	police	[pə'liːs]
politieagent (de)	police officer	[pə'liːs ˌɒfısə(r)]
politiebureau (het)	police station	[pə'liːs 'steıʃən]
knuppel (de)	billy club	['bılı klʌb]
megafoon (de)	bullhorn	['bʊlhɔːn]
patrouilleerwagen (de)	patrol car	[pə'trəʊl kɑː(r)]
sirene (de)	siren	['saıərən]
de sirene aansteken	to turn on the siren	[tə tɜːn ˌɒn ðə 'saıərən]
geloei (het) van de sirene	siren call	['saıərən kɔːl]
plaats delict (de)	crime scene	[kraım siːn]
getuige (de)	witness	['wıtnıs]
vrijheid (de)	freedom	['friːdəm]
handlanger (de)	accomplice	[ə'kʌmplıs]
spoor (het)	trace	[treıs]

121. Politie. Wet. Deel 2

opsporing (de)	search	[sɜːtʃ]
opsporen (ww)	to look for ...	[tə lʊk fɔː(r)]
verdenking (de)	suspicion	[sə'spıʃən]
verdacht (bn)	suspicious	[sə'spıʃəs]
aanhouden (stoppen)	to stop (vt)	[tə stɒp]
tegenhouden (ww)	to detain (vt)	[tə dı'teın]
strafzaak (de)	case	[keıs]
onderzoek (het)	investigation	[ınˌvestı'geıʃən]
detective (de)	detective	[dı'tektıv]
onderzoeksrechter (de)	investigator	[ın'vestıˌgeıtə(r)]
versie (de)	hypothesis	[haı'pɒθısıs]
motief (het)	motive	['məʊtıv]
verhoor (het)	interrogation	[ınˌterə'geıʃən]
ondervragen (door de politie)	to interrogate (vt)	[tə ın'terəgeıt]
ondervragen (omstanders ~)	to question (vt)	[tə 'kwestʃən]
controle (de)	check	[tʃek]
razzia (de)	round-up	[raʊndʌp]

huiszoeking (de)	search	[sɜ:tʃ]
achtervolging (de)	chase	[tʃeɪs]
achtervolgen (ww)	to pursue, to chase	[tə pə'sju:], [tə tʃeɪs]
opsporen (ww)	to track (vt)	[tə træk]

arrest (het)	arrest	[ə'rest]
arresteren (ww)	to arrest (vt)	[tə ə'rest]
vangen, aanhouden (een dief, enz.)	to catch (vt)	[tə kætʃ]
aanhouding (de)	capture	['kæptʃə(r)]

document (het)	document	['dɒkjʊmənt]
bewijs (het)	proof	[pru:f]
bewijzen (ww)	to prove (vt)	[tə pru:v]
voetspoor (het)	footprint	['fʊtprɪnt]
vingerafdrukken (mv.)	fingerprints	['fɪŋgəprɪnts]
bewijs (het)	piece of evidence	[pi:s ɒf 'evɪdəns]

alibi (het)	alibi	['ælɪbaɪ]
onschuldig (bn)	innocent	['ɪnəsənt]
onrecht (het)	injustice	[ɪn'dʒʌstɪs]
onrechtvaardig (bn)	unjust, unfair	[ˌʌn'dʒʌst], [ˌʌn'feə(r)]

crimineel (bn)	criminal	['krɪmɪnəl]
confisqueren (in beslag nemen)	to confiscate (vt)	[tə 'kɒnfɪskeɪt]
drug (de)	drug	[drʌg]
wapen (het)	weapon, gun	['wepən], [gʌn]
ontwapenen (ww)	to disarm (vt)	[tə dɪs'ɑ:m]
bevelen (ww)	to order (vt)	[tə 'ɔ:də(r)]
verdwijnen (ww)	to disappear (vi)	[tə ˌdɪsə'pɪə(r)]

wet (de)	law	[lɔ:]
wettelijk (bn)	legal, lawful	['li:gəl], ['lɔ:fʊl]
onwettelijk (bn)	illegal, illicit	[ɪ'li:gəl], [ɪ'lɪsɪt]

| verantwoordelijkheid (de) | responsibility | [rɪˌspɒnsə'bɪlɪtɪ] |
| verantwoordelijk (bn) | responsible | [rɪ'spɒnsəbəl] |

NATUUR

De Aarde. Deel 1

122. De kosmische ruimte

kosmos (de)	cosmos	[ˈkɒzmɒs]
kosmisch (bn)	space	[speɪs]
kosmische ruimte (de)	outer space	[ˌaʊtə speɪs]
sterrenstelsel (het)	galaxy	[ˈgæləksɪ]
ster (de)	star	[stɑː(r)]
sterrenbeeld (het)	constellation	[ˌkɒnstəˈleɪʃən]
planeet (de)	planet	[ˈplænɪt]
satelliet (de)	satellite	[ˈsætəlaɪt]
meteoriet (de)	meteorite	[ˈmiːtjəraɪt]
komeet (de)	comet	[ˈkɒmɪt]
asteroïde (de)	asteroid	[ˈæstərɔɪd]
baan (de)	orbit	[ˈɔːbɪt]
draaien (om de zon, enz.)	to rotate (vi)	[tə rəʊˈteɪt]
atmosfeer (de)	atmosphere	[ˈætməˌsfɪə(r)]
Zon (de)	the Sun	[ðə sʌn]
zonnestelsel (het)	solar system	[ˈsəʊlə ˈsɪstəm]
zonsverduistering (de)	solar eclipse	[ˈsəʊlə ɪˈklɪps]
Aarde (de)	the Earth	[ðɪ ɜːθ]
Maan (de)	the Moon	[ðə muːn]
Mars (de)	Mars	[mɑːz]
Venus (de)	Venus	[ˈviːnəs]
Jupiter (de)	Jupiter	[ˈdʒuːpɪtə(r)]
Saturnus (de)	Saturn	[ˈsætən]
Mercurius (de)	Mercury	[ˈmɜːkjʊrɪ]
Uranus (de)	Uranus	[ˈjʊərənəs]
Neptunus (de)	Neptune	[ˈneptjuːn]
Pluto (de)	Pluto	[ˈpluːtəʊ]
Melkweg (de)	Milky Way	[ˈmɪlkɪ weɪ]
Grote Beer (de)	Great Bear	[greɪt beə(r)]
Poolster (de)	North Star	[nɔːθ stɑː(r)]
marsmannetje (het)	Martian	[ˈmɑːʃən]
buitenaards wezen (het)	extraterrestrial	[ˌekstrətəˈrestrɪəl]
bovenaards (het)	alien	[ˈeɪljən]

vliegende schotel (de)	flying saucer	['flaɪɪŋ 'sɔːsə(r)]
ruimtevaartuig (het)	spaceship	['speɪsʃɪp]
ruimtestation (het)	space station	[speɪs 'steɪʃən]
start (de)	blast-off	[blɑːst ɒf]
motor (de)	engine	['endʒɪn]
straalpijp (de)	nozzle	['nɒzəl]
brandstof (de)	fuel	[fjʊəl]
cabine (de)	cockpit	['kɒkpɪt]
antenne (de)	antenna	[æn'tenə]
patrijspoort (de)	porthole	['pɔːthəʊl]
zonnebatterij (de)	solar battery	['səʊlə 'bætərɪ]
ruimtepak (het)	spacesuit	['speɪssuːt]
gewichtloosheid (de)	weightlessness	['weɪtlɪsnɪs]
zuurstof (de)	oxygen	['ɒksɪdʒən]
koppeling (de)	docking	['dɒkɪŋ]
koppeling maken	to dock (vi, vt)	[tə dɒk]
observatorium (het)	observatory	[əb'zɜːvətrɪ]
telescoop (de)	telescope	['telɪskəʊp]
waarnemen (ww)	to observe (vt)	[tə əb'zɜːv]
exploreren (ww)	to explore (vt)	[tə ɪk'splɔː(r)]

123. De Aarde

Aarde (de)	the Earth	[ðɪ ɜːθ]
aardbol (de)	globe	[gləʊb]
planeet (de)	planet	['plænɪt]
atmosfeer (de)	atmosphere	['ætmə‚sfɪə(r)]
aardrijkskunde (de)	geography	[dʒɪ'ɒgrəfɪ]
natuur (de)	nature	['neɪtʃə(r)]
wereldbol (de)	globe	[gləʊb]
kaart (de)	map	[mæp]
atlas (de)	atlas	['ætləs]
Europa (het)	Europe	['jʊərəp]
Azië (het)	Asia	['eɪʒə]
Afrika (het)	Africa	['æfrɪkə]
Australië (het)	Australia	[ɒ'streɪljə]
Amerika (het)	America	[ə'merɪkə]
Noord-Amerika (het)	North America	[nɔːθ ə'merɪkə]
Zuid-Amerika (het)	South America	[saʊθ ə'merɪkə]
Antarctica (het)	Antarctica	[ænt'ɑːktɪkə]
Arctis (de)	the Arctic	[ðə 'ɑrktɪk]

124. Windrichtingen

noorden (het)	north	[nɔ:θ]
naar het noorden	to the north	[tə ðə nɔ:θ]
in het noorden	in the north	[ɪn ðə nɔ:θ]
noordelijk (bn)	northern	['nɔ:ðən]
zuiden (het)	south	[saʊθ]
naar het zuiden	to the south	[tə ðə saʊθ]
in het zuiden	in the south	[ɪn ðə saʊθ]
zuidelijk (bn)	southern	['sʌðən]
westen (het)	west	[west]
naar het westen	to the west	[tə ðə west]
in het westen	in the west	[ɪn ðə west]
westelijk (bn)	western	['westən]
oosten (het)	east	[i:st]
naar het oosten	to the east	[tə ðɪ i:st]
in het oosten	in the east	[ɪn ðɪ i:st]
oostelijk (bn)	eastern	['i:stən]

125. Zee. Oceaan

zee (de)	sea	[si:]
oceaan (de)	ocean	['əʊʃən]
golf (baai)	gulf	[gʌlf]
straat (de)	straits	[streɪts]
grond (vaste grond)	solid ground	['sɒlɪd graʊnd]
continent (het)	continent	['kɒntɪnənt]
eiland (het)	island	['aɪlənd]
schiereiland (het)	peninsula	[pə'nɪnsjʊlə]
archipel (de)	archipelago	[ˌɑ:kɪ'pelɪgəʊ]
baai, bocht (de)	bay	[beɪ]
haven (de)	harbor	['hɑ:bə(r)]
lagune (de)	lagoon	[lə'gu:n]
kaap (de)	cape	[keɪp]
atol (de)	atoll	['ætɒl]
rif (het)	reef	[ri:f]
koraal (het)	coral	['kɒrəl]
koraalrif (het)	coral reef	['kɒrəl ri:f]
diep (bn)	deep	[di:p]
diepte (de)	depth	[depθ]
diepzee (de)	abyss	[ə'bɪs]
trog (bijv. Marianentrog)	trench	[trentʃ]
stroming (de)	current	['kʌrənt]
omspoelen (ww)	to surround (vt)	[tə sə'raʊnd]
oever (de)	shore	[ʃɔ:(r)]

kust (de)	coast	[kəʊst]
vloed (de)	high tide	[haɪ taɪd]
eb (de)	low tide	[ləʊ taɪd]
ondiepte (ondiep water)	sandbank	[ˈsændbæŋk]
bodem (de)	bottom	[ˈbɒtəm]
golf (hoge ~)	wave	[weɪv]
golfkam (de)	crest	[krest]
schuim (het)	froth	[frɒθ]
storm (de)	storm	[stɔːm]
orkaan (de)	hurricane	[ˈhʌrɪkən]
tsunami (de)	tsunami	[tsuːˈnɑːmɪ]
windstilte (de)	calm	[kɑːm]
kalm (bijv. ~e zee)	quiet, calm	[ˈkwaɪət], [kɑːm]
pool (de)	pole	[pəʊl]
polair (bn)	polar	[ˈpəʊlə(r)]
breedtegraad (de)	latitude	[ˈlætɪtjuːd]
lengtegraad (de)	longitude	[ˈlɒndʒɪtjuːd]
parallel (de)	parallel	[ˈpærəlel]
evenaar (de)	equator	[ɪˈkweɪtə(r)]
hemel (de)	sky	[skaɪ]
horizon (de)	horizon	[həˈraɪzən]
lucht (de)	air	[eə]
vuurtoren (de)	lighthouse	[ˈlaɪthaʊs]
duiken (ww)	to dive (vi)	[tə daɪv]
zinken (ov. een boot)	to sink (vi)	[tə sɪŋk]
schatten (mv.)	treasures	[ˈtreʒəz]

126. Namen van zeeën en oceanen

Atlantische Oceaan (de)	Atlantic Ocean	[ətˈlæntɪk ˈəʊʃən]
Indische Oceaan (de)	Indian Ocean	[ˈɪndɪən ˈəʊʃən]
Stille Oceaan (de)	Pacific Ocean	[pəˈsɪfɪk ˈəʊʃən]
Noordelijke IJszee (de)	Arctic Ocean	[ˈɑrktɪk ˈəʊʃən]
Zwarte Zee (de)	Black Sea	[blæk siː]
Rode Zee (de)	Red Sea	[red siː]
Gele Zee (de)	Yellow Sea	[ˌjeləʊ ˈsiː]
Witte Zee (de)	White Sea	[waɪt siː]
Kaspische Zee (de)	Caspian Sea	[ˈkæspɪən siː]
Dode Zee (de)	Dead Sea	[ˌded ˈsiː]
Middellandse Zee (de)	Mediterranean Sea	[ˌmedɪtəˈreɪnɪən siː]
Egeïsche Zee (de)	Aegean Sea	[iːˈdʒiːən siː]
Adriatische Zee (de)	Adriatic Sea	[ˌeɪdrɪˈætɪk siː]
Arabische Zee (de)	Arabian Sea	[əˈreɪbɪən siː]
Japanse Zee (de)	Sea of Japan	[ˈsiː əv dʒəˈpæn]

Beringzee (de)	Bering Sea	[ˈberɪŋ siː]
Zuid-Chinese Zee (de)	South China Sea	[sauθ ˈtʃaɪnə siː]
Koraalzee (de)	Coral Sea	[ˈkɒrəl siː]
Tasmanzee (de)	Tasman Sea	[ˈtæzmən siː]
Caribische Zee (de)	Caribbean Sea	[ˌkæˈrɪbɪən siː]
Barentszzee (de)	Barents Sea	[ˈbærənts siː]
Karische Zee (de)	Kara Sea	[ˈkɑːrə siː]
Noordzee (de)	North Sea	[nɔːθ siː]
Baltische Zee (de)	Baltic Sea	[ˈbɔːltɪk siː]
Noorse Zee (de)	Norwegian Sea	[nɔːˈwiːdʒən siː]

127. Bergen

berg (de)	mountain	[ˈmauntɪn]
bergketen (de)	mountain range	[ˈmauntɪn reɪndʒ]
gebergte (het)	mountain ridge	[ˈmauntɪn rɪdʒ]
bergtop (de)	summit, top	[ˈsʌmɪt], [tɒp]
bergpiek (de)	peak	[piːk]
voet (ov. de berg)	foot	[fʊt]
helling (de)	slope	[sləup]
vulkaan (de)	volcano	[vɒlˈkenəu]
actieve vulkaan (de)	active volcano	[ˈæktɪv vɒlˈkenəu]
uitgedoofde vulkaan (de)	dormant volcano	[ˈdɔːmənt vɒlˈkenəu]
uitbarsting (de)	eruption	[ɪˈrʌpʃən]
krater (de)	crater	[ˈkreɪtə(r)]
magma (het)	magma	[ˈmægmə]
lava (de)	lava	[ˈlɑːvə]
gloeiend (~e lava)	molten	[ˈməultən]
kloof (canyon)	canyon	[ˈkænjən]
bergkloof (de)	gorge	[gɔːdʒ]
spleet (de)	crevice	[ˈkrevɪs]
afgrond (de)	abyss	[əˈbɪs]
bergpas (de)	pass, col	[pɑːs], [kɒl]
plateau (het)	plateau	[ˈplætəu]
klip (de)	cliff	[klɪf]
heuvel (de)	hill	[hɪl]
gletsjer (de)	glacier	[ˈgleɪʃə(r)]
waterval (de)	waterfall	[ˈwɔːtəfɔːl]
geiser (de)	geyser	[ˈgaɪzə(r)]
meer (het)	lake	[leɪk]
vlakte (de)	plain	[pleɪn]
landschap (het)	landscape	[ˈlændskeɪp]
echo (de)	echo	[ˈekəu]
alpinist (de)	alpinist	[ˈælpɪnɪst]

bergbeklimmer (de)	rock climber	[rɒk 'klaɪmə(r)]
trotseren (berg ~)	conquer (vt)	['kɒŋkə(r)]
beklimming (de)	climb	[klaɪm]

128. Bergen namen

Alpen (de)	Alps	[ælps]
Mont Blanc (de)	Mont Blanc	[ˌmɔ̃'blɑ̃]
Pyreneeën (de)	Pyrenees	[ˌpɪrə'niːz]

Karpaten (de)	Carpathians	[kɑː'peɪθɪənz]
Oeralgebergte (het)	Ural Mountains	['jʊərəl 'maʊntɪnz]
Kaukasus (de)	Caucasus	['kɔːkəsəs]
Elbroes (de)	Elbrus	[ˌelbə'ruːs]

Altaj (de)	Altai	[ˌɑːl'taɪ]
Tiensjan (de)	Tien Shan	[tjɛn'ʃɑːn]
Pamir (de)	Pamir Mountains	[pə'mɪə 'maʊntɪnz]
Himalaya (de)	Himalayas	[ˌhɪmə'leɪəz]
Everest (de)	Everest	['evərɪst]

| Andes (de) | Andes | ['ændiːz] |
| Kilimanjaro (de) | Kilimanjaro | [ˌkɪlɪmən'dʒɑːrəʊ] |

129. Rivieren

rivier (de)	river	['rɪvə(r)]
bron (~ van een rivier)	spring	[sprɪŋ]
rivierbedding (de)	riverbed	['rɪvəbed]
rivierbekken (het)	basin	['beɪsən]
uitmonden in ...	to flow into ...	[tə fləʊ 'ɪntʊ]

| zijrivier (de) | tributary | ['trɪbjʊtrɪ] |
| oever (de) | bank | [bæŋk] |

stroming (de)	current, stream	['kʌrənt], [striːm]
stroomafwaarts (bw)	downstream	['daʊnˌstriːm]
stroomopwaarts (bw)	upstream	[ˌʌp'striːm]

overstroming (de)	inundation	[ˌɪnʌn'deɪʃən]
overstroming (de)	flooding	['flʌdɪŋ]
buiten zijn oevers treden	to overflow (vi)	[tə ˌəʊvə'fləʊ]
overstromen (ww)	to flood (vt)	[tə flʌd]

| zandbank (de) | shallows | ['ʃæləʊz] |
| stroomversnelling (de) | rapids | ['ræpɪdz] |

dam (de)	dam	[dæm]
kanaal (het)	canal	[kə'næl]
spaarbekken (het)	artificial lake	[ˌɑːtɪ'fɪʃəl leɪk]
sluis (de)	sluice, lock	[sluːs], [lɒk]
waterlichaam (het)	water body	['wɔːtə 'bɒdɪ]

moeras (het)	swamp, bog	[swɒmp], [bɒg]
broek (het)	marsh	[mɑːʃ]
draaikolk (de)	whirlpool	['wɜːlpuːl]
stroom (de)	stream	[striːm]
drink- (abn)	drinking	['drɪŋkɪŋ]
zoet (~ water)	fresh	[freʃ]
IJs (het)	ice	[aɪs]
bevriezen (rivier, enz.)	to freeze over	[tə friːz 'əʊvə(r)]

130. Namen van rivieren

Seine (de)	Seine	[seɪn]
Loire (de)	Loire	[lwɑːr]
Theems (de)	Thames	[temz]
Rijn (de)	Rhine	[raɪn]
Donau (de)	Danube	['dænjuːb]
Wolga (de)	Volga	['vɒlgə]
Don (de)	Don	[dɒn]
Lena (de)	Lena	['leɪnə]
Gele Rivier (de)	Yellow River	[jeləʊ 'rɪvə(r)]
Blauwe Rivier (de)	Yangtze	['jæŋtsɪ]
Mekong (de)	Mekong	['miːkɒŋ]
Ganges (de)	Ganges	['gændʒiːz]
Nijl (de)	Nile River	[naɪl 'rɪvə(r)]
Kongo (de)	Congo	['kɒŋgəʊ]
Okavango (de)	Okavango	[ˌɔkə'væŋgəʊ]
Zambezi (de)	Zambezi	[zæm'biːzɪ]
Limpopo (de)	Limpopo	[lɪm'pəupəu]

131. Bos

bos (het)	forest	['fɒrɪst]
bos- (abn)	forest	['fɒrɪst]
oerwoud (dicht bos)	thick forest	[θɪk 'fɒrɪst]
bosje (klein bos)	grove	[grəʊv]
open plek (de)	clearing	['klɪərɪŋ]
struikgewas (het)	thicket	['θɪkɪt]
struiken (mv.)	scrubland	['skrʌblænd]
paadje (het)	footpath	['fʊtpɑːθ]
ravijn (het)	gully	['gʌlɪ]
boom (de)	tree	[triː]
blad (het)	leaf	[liːf]

gebladerte (het)	leaves	[liːvz]
vallende bladeren (mv.)	fall of leaves	[fɔːl əv liːvz]
vallen (ov. de bladeren)	to fall (vi)	[tə fɔːl]
boomtop (de)	top	[tɒp]

tak (de)	branch	[brɑːntʃ]
ent (de)	bough	[baʊ]
knop (de)	bud	[bʌd]
naald (de)	needle	[ˈniːdəl]
dennenappel (de)	pine cone	[paɪn kəʊn]

boom holte (de)	hollow	[ˈhɒləʊ]
nest (het)	nest	[nest]
hol (het)	burrow, animal hole	[ˈbʌrəʊ], [ˈænɪməl həʊl]

stam (de)	trunk	[trʌŋk]
wortel (bijv. boom~s)	root	[ruːt]
schors (de)	bark	[bɑːk]
mos (het)	moss	[mɒs]

ontwortelen (een boom)	to uproot (vt)	[tə ˌʌpˈruːt]
kappen (een boom ~)	to chop down	[tə tʃɒp daʊn]
ontbossen (ww)	to deforest (vt)	[tə ˌdiːˈfɒrɪst]
stronk (de)	tree stump	[triː stʌmp]

kampvuur (het)	campfire	[ˈkæmpˌfaɪə(r)]
bosbrand (de)	forest fire	[ˈfɒrɪst ˈfaɪə(r)]
blussen (ww)	to extinguish (vt)	[tə ɪkˈstɪŋgwɪʃ]

boswachter (de)	forest ranger	[ˈfɒrɪst ˈreɪndʒə]
bescherming (de)	protection	[prəˈtekʃən]
beschermen (bijv. de natuur ~)	to protect (vt)	[tə prəˈtekt]
stroper (de)	poacher	[ˈpəʊtʃə(r)]
val (de)	trap	[træp]

| plukken (vruchten, enz.) | to gather, to pick (vt) | [tə ˈgæðə(r)], [tə pɪk] |
| verdwalen (de weg kwijt zijn) | to lose one's way | [tə luːz wʌnz weɪ] |

132. Natuurlijke hulpbronnen

natuurlijke rijkdommen (mv.)	natural resources	[ˈnætʃərəl rɪˈsɔːsɪz]
delfstoffen (mv.)	minerals	[ˈmɪnərəlz]
lagen (mv.)	deposits	[dɪˈpɒzɪts]
veld (bijv. olie~)	field	[fiːld]

winnen (uit erts ~)	to mine (vt)	[tə maɪn]
winning (de)	mining	[ˈmaɪnɪŋ]
erts (het)	ore	[ɔː(r)]
mijn (bijv. kolenmijn)	mine	[maɪn]
mijnschacht (de)	mine shaft, pit	[maɪn ʃɑːft], [pɪt]
mijnwerker (de)	miner	[ˈmaɪnə(r)]
gas (het)	gas	[gæs]
gasleiding (de)	gas pipeline	[gæs ˈpaɪplaɪn]

olie (aardolie)	oil, petroleum	[ɔɪl], [pɪ'trəʊlɪəm]
olieleiding (de)	oil pipeline	[ɔɪl 'paɪplaɪn]
oliebron (de)	oil well	[ɔɪl wel]
boortoren (de)	derrick	['derɪk]
tanker (de)	tanker	['tæŋkə(r)]
zand (het)	sand	[sænd]
kalksteen (de)	limestone	['laɪmstəʊn]
grind (het)	gravel	['grævəl]
veen (het)	peat	[pi:t]
klei (de)	clay	[kleɪ]
steenkool (de)	coal	[kəʊl]
IJzer (het)	iron	['aɪrən]
goud (het)	gold	[gəʊld]
zilver (het)	silver	['sɪlvə(r)]
nikkel (het)	nickel	['nɪkəl]
koper (het)	copper	['kɒpə(r)]
zink (het)	zinc	[zɪŋk]
mangaan (het)	manganese	['mæŋgəni:z]
kwik (het)	mercury	['mɜ:kjʊrɪ]
lood (het)	lead	[led]
mineraal (het)	mineral	['mɪnərəl]
kristal (het)	crystal	['krɪstəl]
marmer (het)	marble	['mɑ:bəl]
uraan (het)	uranium	[jʊ'reɪnjəm]

De Aarde. Deel 2

133. Weer

Nederlands	Engels	Uitspraak
weer (het)	weather	[ˈweðə(r)]
weersvoorspelling (de)	weather forecast	[ˈweðə ˈfɔːkɑːst]
temperatuur (de)	temperature	[ˈtemprətʃə(r)]
thermometer (de)	thermometer	[θəˈmɒmɪtə(r)]
barometer (de)	barometer	[bəˈrɒmɪtə(r)]
vochtig (bn)	humid	[ˈhjuːmɪd]
vochtigheid (de)	humidity	[hjuːˈmɪdəti]
hitte (de)	heat	[hiːt]
heet (bn)	hot, torrid	[hɒt], [ˈtɒrɪd]
het is heet	it's hot	[ɪts hɒt]
het is warm	it's warm	[ɪts wɔːm]
warm (bn)	warm	[wɔːm]
het is koud	it's cold	[ɪts kəʊld]
koud (bn)	cold	[kəʊld]
zon (de)	sun	[sʌn]
schijnen (de zon)	to shine (vi)	[tə ʃaɪn]
zonnig (~e dag)	sunny	[ˈsʌni]
opgaan (ov. de zon)	to come up (vi)	[tə kʌm ʌp]
ondergaan (ww)	to set (vi)	[tə set]
wolk (de)	cloud	[klaʊd]
bewolkt (bn)	cloudy	[ˈklaʊdi]
regenwolk (de)	rain cloud	[reɪn klaʊd]
somber (bn)	somber	[ˈsɒmbə(r)]
regen (de)	rain	[reɪn]
het regent	it's raining	[ɪts ˈreɪnɪŋ]
regenachtig (bn)	rainy	[ˈreɪni]
motregenen (ww)	to drizzle (vi)	[tə ˈdrɪzəl]
plensbui (de)	pouring rain	[ˈpɔːrɪŋ reɪn]
stortbui (de)	downpour	[ˈdaʊnpɔː(r)]
hard (bn)	heavy	[ˈhevi]
plas (de)	puddle	[ˈpʌdəl]
nat worden (ww)	to get wet	[tə get wet]
mist (de)	fog, mist	[fɒg], [mɪst]
mistig (bn)	foggy	[ˈfɒgi]
sneeuw (de)	snow	[snəʊ]
het sneeuwt	it's snowing	[ɪts snəʊɪŋ]

134. Zwaar weer. Natuurrampen

noodweer (storm)	thunderstorm	[ˈθʌndəstɔːm]
bliksem (de)	lightning	[ˈlaɪtnɪŋ]
flitsen (ww)	to flash (vi)	[tə flæʃ]
donder (de)	thunder	[ˈθʌndə(r)]
donderen (ww)	to thunder (vi)	[tə ˈθʌndə(r)]
het dondert	it's thundering	[ɪts ˈθʌndərɪŋ]
hagel (de)	hail	[heɪl]
het hagelt	it's hailing	[ɪts heɪlɪŋ]
overstromen (ww)	to flood (vt)	[tə flʌd]
overstroming (de)	flood	[flʌd]
aardbeving (de)	earthquake	[ˈɜːθkweɪk]
aardschok (de)	tremor, quake	[ˈtremə(r)], [kweɪk]
epicentrum (het)	epicenter	[ˈepɪsentə(r)]
uitbarsting (de)	eruption	[ɪˈrʌpʃən]
lava (de)	lava	[ˈlɑːvə]
wervelwind (de)	twister	[ˈtwɪstə(r)]
tyfoon (de)	typhoon	[taɪˈfuːn]
orkaan (de)	hurricane	[ˈhʌrɪkən]
storm (de)	storm	[stɔːm]
tsunami (de)	tsunami	[tsuːˈnɑːmɪ]
cycloon (de)	cyclone	[ˈsaɪkləʊn]
onweer (het)	bad weather	[bæd ˈweðə(r)]
brand (de)	fire	[ˈfaɪə(r)]
ramp (de)	disaster	[dɪˈzɑːstə(r)]
meteoriet (de)	meteorite	[ˈmiːtjəraɪt]
lawine (de)	avalanche	[ˈævəlɑːnʃ]
sneeuwverschuiving (de)	snowslide	[ˈsnəʊslaɪd]
sneeuwjacht (de)	blizzard	[ˈblɪzəd]
sneeuwstorm (de)	snowstorm	[ˈsnəʊstɔːm]

Fauna

135. Zoogdieren. Roofdieren

roofdier (het)	predator	[ˈpredətə(r)]
tijger (de)	tiger	[ˈtaɪɡə(r)]
leeuw (de)	lion	[ˈlaɪən]
wolf (de)	wolf	[wʊlf]
vos (de)	fox	[fɒks]
jaguar (de)	jaguar	[ˈdʒæɡjʊə(r)]
luipaard (de)	leopard	[ˈlepəd]
jachtluipaard (de)	cheetah	[ˈtʃiːtə]
panter (de)	black panther	[blæk ˈpænθə(r)]
poema (de)	puma	[ˈpjuːmə]
sneeuwluipaard (de)	snow leopard	[snəʊ ˈlepəd]
lynx (de)	lynx	[lɪnks]
coyote (de)	coyote	[kɔɪˈəʊtɪ]
jakhals (de)	jackal	[ˈdʒækəl]
hyena (de)	hyena	[haɪˈiːnə]

136. Wilde dieren

dier (het)	animal	[ˈænɪməl]
beest (het)	beast	[biːst]
eekhoorn (de)	squirrel	[ˈskwɜːrəl]
egel (de)	hedgehog	[ˈhedʒhɒɡ]
haas (de)	hare	[heə(r)]
konijn (het)	rabbit	[ˈræbɪt]
das (de)	badger	[ˈbædʒə(r)]
wasbeer (de)	raccoon	[rəˈkuːn]
hamster (de)	hamster	[ˈhæmstə(r)]
marmot (de)	marmot	[ˈmɑːmət]
mol (de)	mole	[məʊl]
muis (de)	mouse	[maʊs]
rat (de)	rat	[ræt]
vleermuis (de)	bat	[bæt]
hermelijn (de)	ermine	[ˈɜːmɪn]
sabeldier (het)	sable	[ˈseɪbəl]
marter (de)	marten	[ˈmɑːtɪn]
wezel (de)	weasel	[ˈwiːzəl]
nerts (de)	mink	[mɪŋk]

| bever (de) | beaver | [ˈbiːvə(r)] |
| otter (de) | otter | [ˈɒtə(r)] |

paard (het)	horse	[hɔːs]
eland (de)	moose	[muːs]
hert (het)	deer	[dɪə(r)]
kameel (de)	camel	[ˈkæməl]

bizon (de)	bison	[ˈbaɪsən]
oeros (de)	aurochs	[ˈɔːrɒks]
buffel (de)	buffalo	[ˈbʌfələʊ]

zebra (de)	zebra	[ˈziːbrə]
antilope (de)	antelope	[ˈæntɪləʊp]
ree (de)	roe deer	[rəʊ dɪə(r)]
damhert (het)	fallow deer	[ˈfæləʊ dɪə(r)]
gems (de)	chamois	[ˈʃæmwɑː]
everzwijn (het)	wild boar	[ˌwaɪld ˈbɔː(r)]

walvis (de)	whale	[weɪl]
rob (de)	seal	[siːl]
walrus (de)	walrus	[ˈwɔːlrəs]
zeehond (de)	fur seal	[ˈfɜːˌsiːl]
dolfijn (de)	dolphin	[ˈdɒlfɪn]

beer (de)	bear	[beə]
IJsbeer (de)	polar bear	[ˈpəʊlə ˌbeə(r)]
panda (de)	panda	[ˈpændə]

aap (de)	monkey	[ˈmʌŋkɪ]
chimpansee (de)	chimpanzee	[ˌtʃɪmpænˈziː]
orang-oetan (de)	orangutan	[ɒˌræŋuːˈtæn]
gorilla (de)	gorilla	[gəˈrɪlə]
makaak (de)	macaque	[məˈkɑːk]
gibbon (de)	gibbon	[ˈgɪbən]

olifant (de)	elephant	[ˈelɪfənt]
neushoorn (de)	rhinoceros	[raɪˈnɒsərəs]
giraffe (de)	giraffe	[dʒɪˈrɑːf]
nijlpaard (het)	hippopotamus	[ˌhɪpəˈpɒtəməs]

| kangoeroe (de) | kangaroo | [ˌkæŋgəˈruː] |
| koala (de) | koala | [kəʊˈɑːlə] |

mangoest (de)	mongoose	[ˈmɒŋguːs]
chinchilla (de)	chinchilla	[tʃɪnˈtʃɪlə]
stinkdier (het)	skunk	[skʌŋk]
stekelvarken (het)	porcupine	[ˈpɔːkjʊpaɪn]

137. Huisdieren

poes (de)	cat	[kæt]
kater (de)	tomcat	[ˈtɒmkæt]
hond (de)	dog	[dɒg]

paard (het)	horse	[hɔːs]
hengst (de)	stallion	['stælɪən]
merrie (de)	mare	[meə(r)]
koe (de)	cow	[kaʊ]
stier (de)	bull	[bʊl]
os (de)	ox	[ɒks]
schaap (het)	sheep	[ʃiːp]
ram (de)	ram	[ræm]
geit (de)	goat	[gəʊt]
bok (de)	he-goat	['hiː gəʊt]
ezel (de)	donkey	['dɒŋkɪ]
muilezel (de)	mule	[mjuːl]
varken (het)	pig	[pɪg]
biggetje (het)	piglet	['pɪglɪt]
konijn (het)	rabbit	['ræbɪt]
kip (de)	hen	[hen]
haan (de)	rooster	['ruːstə(r)]
eend (de)	duck	[dʌk]
woerd (de)	drake	[dreɪk]
gans (de)	goose	[guːs]
kalkoen haan (de)	tom turkey	[tɒm 'tɜːkɪ]
kalkoen (de)	turkey	['tɜːkɪ]
huisdieren (mv.)	domestic animals	[də'mestɪk 'ænɪməlz]
tam (bijv. hamster)	tame	[teɪm]
temmen (tam maken)	to tame (vt)	[tə teɪm]
fokken (bijv. paarden ~)	to breed (vt)	[tə briːd]
boerderij (de)	farm	[fɑːm]
gevogelte (het)	poultry	['pəʊltrɪ]
rundvee (het)	cattle	['kætəl]
kudde (de)	herd	[hɜːd]
paardenstal (de)	stable	['steɪbəl]
zwijnenstal (de)	pigsty	['pɪgstaɪ]
koeienstal (de)	cowshed	['kaʊʃed]
konijnenhok (het)	rabbit hutch	['ræbɪt ˌhʌtʃ]
kippenhok (het)	hen house	['hen ˌhaʊs]

138. Vogels

vogel (de)	bird	[bɜːd]
duif (de)	pigeon	['pɪdʒɪn]
mus (de)	sparrow	['spærəʊ]
koolmees (de)	tit	[tɪt]
ekster (de)	magpie	['mægpaɪ]
raaf (de)	raven	['reɪvən]

kraai (de)	crow	[krəʊ]
kauw (de)	jackdaw	[ˈdʒækdɔː]
roek (de)	rook	[rʊk]
eend (de)	duck	[dʌk]
gans (de)	goose	[guːs]
fazant (de)	pheasant	[ˈfezənt]
arend (de)	eagle	[ˈiːgəl]
havik (de)	hawk	[hɔːk]
valk (de)	falcon	[ˈfɔːlkən]
gier (de)	vulture	[ˈvʌltʃə]
condor (de)	condor	[ˈkɒndɔː(r)]
zwaan (de)	swan	[swɒn]
kraanvogel (de)	crane	[kreɪn]
ooievaar (de)	stork	[stɔːk]
papegaai (de)	parrot	[ˈpærət]
kolibrie (de)	hummingbird	[ˈhʌmɪŋˌbɜːd]
pauw (de)	peacock	[ˈpiːkɒk]
struisvogel (de)	ostrich	[ˈɒstrɪtʃ]
reiger (de)	heron	[ˈherən]
flamingo (de)	flamingo	[fləˈmɪŋgəʊ]
pelikaan (de)	pelican	[ˈpelɪkən]
nachtegaal (de)	nightingale	[ˈnaɪtɪŋgeɪl]
zwaluw (de)	swallow	[ˈswɒləʊ]
lijster (de)	thrush	[θrʌʃ]
zanglijster (de)	song thrush	[sɒŋ θrʌʃ]
merel (de)	blackbird	[ˈblækˌbɜːd]
gierzwaluw (de)	swift	[swɪft]
leeuwerik (de)	lark	[lɑːk]
kwartel (de)	quail	[kweɪl]
specht (de)	woodpecker	[ˈwʊdˌpekə(r)]
koekoek (de)	cuckoo	[ˈkʊkuː]
uil (de)	owl	[aʊl]
oehoe (de)	eagle owl	[ˈiːgəl aʊl]
auerhoen (het)	wood grouse	[wʊd graʊs]
korhoen (het)	black grouse	[blæk graʊs]
patrijs (de)	partridge	[ˈpɑːtrɪdʒ]
spreeuw (de)	starling	[ˈstɑːlɪŋ]
kanarie (de)	canary	[kəˈneərɪ]
hazelhoen (het)	hazel grouse	[ˈheɪzəl graʊs]
vink (de)	chaffinch	[ˈtʃæfɪntʃ]
goudvink (de)	bullfinch	[ˈbʊlfɪntʃ]
meeuw (de)	seagull	[ˈsiːgʌl]
albatros (de)	albatross	[ˈælbətrɒs]
pinguïn (de)	penguin	[ˈpeŋgwɪn]

139. Vis. Zeedieren

brasem (de)	bream	[briːm]
karper (de)	carp	[kɑːp]
baars (de)	perch	[pɜːtʃ]
meerval (de)	catfish	[ˈkætfɪʃ]
snoek (de)	pike	[paɪk]
zalm (de)	salmon	[ˈsæmən]
steur (de)	sturgeon	[ˈstɜːdʒən]
haring (de)	herring	[ˈherɪŋ]
atlantische zalm (de)	Atlantic salmon	[ətˈlæntɪk ˈsæmən]
makreel (de)	mackerel	[ˈmækərəl]
platvis (de)	flatfish	[ˈflætfɪʃ]
snoekbaars (de)	pike perch	[paɪk pɜːtʃ]
kabeljauw (de)	cod	[kɒd]
tonijn (de)	tuna	[ˈtuːnə]
forel (de)	trout	[traʊt]
paling (de)	eel	[iːl]
sidderrog (de)	electric ray	[ɪˈlektrɪk reɪ]
murene (de)	moray eel	[ˈmɒreɪ iːl]
piranha (de)	piranha	[pɪˈrɑːnə]
haai (de)	shark	[ʃɑːk]
dolfijn (de)	dolphin	[ˈdɒlfɪn]
walvis (de)	whale	[weɪl]
krab (de)	crab	[kræb]
kwal (de)	jellyfish	[ˈdʒelɪfɪʃ]
octopus (de)	octopus	[ˈɒktəpəs]
zeester (de)	starfish	[ˈstɑːfɪʃ]
zee-egel (de)	sea urchin	[siː ˈɜːtʃɪn]
zeepaardje (het)	seahorse	[ˈsiːhɔːs]
oester (de)	oyster	[ˈɔɪstə(r)]
garnaal (de)	shrimp	[ʃrɪmp]
kreeft (de)	lobster	[ˈlɒbstə(r)]
langoest (de)	spiny lobster	[ˈspaɪnɪ ˈlɒbstə(r)]

140. Amfibieën. Reptielen

slang (de)	snake	[sneɪk]
giftig (slang)	venomous	[ˈvenəməs]
adder (de)	viper	[ˈvaɪpə(r)]
cobra (de)	cobra	[ˈkəʊbrə]
python (de)	python	[ˈpaɪθən]
boa (de)	boa	[ˈbəʊə]
ringslang (de)	grass snake	[ˈɡrɑːsˌsneɪk]

ratelslang (de)	rattle snake	[ˈrætəl sneɪk]
anaconda (de)	anaconda	[ænəˈkɒndə]

hagedis (de)	lizard	[ˈlɪzəd]
leguaan (de)	iguana	[ɪˈgwɑːnə]
varaan (de)	monitor lizard	[ˈmɒnɪtə ˈlɪzəd]
salamander (de)	salamander	[ˈsæləˌmændə(r)]
kameleon (de)	chameleon	[kəˈmiːliən]
schorpioen (de)	scorpion	[ˈskɔːpiən]

schildpad (de)	turtle	[ˈtɜːtəl]
kikker (de)	frog	[frɒg]
pad (de)	toad	[təʊd]
krokodil (de)	crocodile	[ˈkrɒkədaɪl]

141. Insecten

insect (het)	insect, bug	[ˈɪnsekt], [bʌg]
vlinder (de)	butterfly	[ˈbʌtəflaɪ]
mier (de)	ant	[ænt]
vlieg (de)	fly	[flaɪ]
mug (de)	mosquito	[məˈskiːtəʊ]
kever (de)	beetle	[ˈbiːtəl]

wesp (de)	wasp	[wɒsp]
bij (de)	bee	[biː]
hommel (de)	bumblebee	[ˈbʌmbəlbiː]
horzel (de)	gadfly	[ˈgædflaɪ]

spin (de)	spider	[ˈspaɪdə(r)]
spinnenweb (het)	spider's web	[ˈspaɪdəz web]

libel (de)	dragonfly	[ˈdrægənflaɪ]
sprinkhaan (de)	grasshopper	[ˈgrɑːsˌhɒpə(r)]
nachtvlinder (de)	moth	[mɒθ]

kakkerlak (de)	cockroach	[ˈkɒkrəʊtʃ]
mijt (de)	tick	[tɪk]
vlo (de)	flea	[fliː]
kriebelmug (de)	midge	[mɪdʒ]

treksprinkhaan (de)	locust	[ˈləʊkəst]
slak (de)	snail	[sneɪl]
krekel (de)	cricket	[ˈkrɪkɪt]
glimworm (de)	lightning bug	[ˈlaɪtnɪŋ bʌg]
lieveheersbeestje (het)	ladybug	[ˈleɪdɪbʌg]
meikever (de)	cockchafer	[ˈkɒkˌtʃeɪfə(r)]

bloedzuiger (de)	leech	[liːtʃ]
rups (de)	caterpillar	[ˈkætəpɪlə(r)]
aardworm (de)	earthworm	[ˈɜːθwɜːm]
larve (de)	larva	[ˈlɑːvə]

Flora

142. Bomen

boom (de)	tree	[tri:]
loof- (abn)	deciduous	[dɪ'sɪdjʊəs]
dennen- (abn)	coniferous	[kə'nɪfərəs]
groenblijvend (bn)	evergreen	['evəgri:n]
appelboom (de)	apple tree	['æpəl ˌtri:]
perenboom (de)	pear tree	['peə ˌtri:]
pruimelaar (de)	plum tree	['plʌm tri:]
berk (de)	birch	[bɜ:tʃ]
eik (de)	oak	[əʊk]
linde (de)	linden tree	['lɪndən tri:]
esp (de)	aspen	['æspən]
esdoorn (de)	maple	['meɪpəl]
spar (de)	spruce	[spru:s]
den (de)	pine	[paɪn]
lariks (de)	larch	[lɑ:tʃ]
zilverspar (de)	fir	[fɜ:(r)]
ceder (de)	cedar	['si:də(r)]
populier (de)	poplar	['pɒplə(r)]
lijsterbes (de)	rowan	['rəʊən]
wilg (de)	willow	['wɪləʊ]
els (de)	alder	['ɔ:ldə(r)]
beuk (de)	beech	[bi:tʃ]
iep (de)	elm	[elm]
es (de)	ash	[æʃ]
kastanje (de)	chestnut	['tʃesnʌt]
magnolia (de)	magnolia	[mæg'nəʊlɪə]
palm (de)	palm tree	[pɑ:m tri:]
cipres (de)	cypress	['saɪprəs]
mangrove (de)	mangrove	['mæŋgrəʊv]
baobab (apenbroodboom)	baobab	['beɪəʊˌbæb]
eucalyptus (de)	eucalyptus	[ˌju:kə'lɪptəs]
mammoetboom (de)	sequoia	[sɪ'kwɔɪə]

143. Heesters

struik (de)	bush	[bʊʃ]
heester (de)	shrub	[ʃrʌb]

wijnstok (de)	grapevine	['greɪpvaɪn]
wijngaard (de)	vineyard	['vɪnjəd]
frambozenstruik (de)	raspberry bush	['rɑːzbərɪ bʊʃ]
rode bessenstruik (de)	redcurrant bush	['redkʌrənt bʊʃ]
kruisbessenstruik (de)	gooseberry bush	['gʊzbərɪ ˌbʊʃ]
acacia (de)	acacia	[ə'keɪʃə]
zuurbes (de)	barberry	['bɑːbərɪ]
jasmijn (de)	jasmine	['dʒæzmɪn]
jeneverbes (de)	juniper	['dʒuːnɪpə(r)]
rozenstruik (de)	rosebush	['rəʊzbʊʃ]
hondsroos (de)	dog rose	['dɒg ˌrəʊz]

144. Vruchten. Bessen

vrucht (de)	fruit	[fruːt]
vruchten (mv.)	fruits	[fruːts]
appel (de)	apple	['æpəl]
peer (de)	pear	[peə(r)]
pruim (de)	plum	[plʌm]
aardbei (de)	strawberry	['strɔːbərɪ]
druif (de)	grape	[greɪp]
framboos (de)	raspberry	['rɑːzbərɪ]
zwarte bes (de)	blackcurrant	[ˌblæk'kʌrənt]
rode bes (de)	redcurrant	['redkʌrənt]
kruisbes (de)	gooseberry	['gʊzbərɪ]
veenbes (de)	cranberry	['krænbərɪ]
sinaasappel (de)	orange	['ɒrɪndʒ]
mandarijn (de)	mandarin	['mændərɪn]
ananas (de)	pineapple	['paɪnˌæpəl]
banaan (de)	banana	[bə'nɑːnə]
dadel (de)	date	[deɪt]
citroen (de)	lemon	['lemən]
abrikoos (de)	apricot	['eɪprɪkɒt]
perzik (de)	peach	[piːtʃ]
kiwi (de)	kiwi	['kiːwiː]
grapefruit (de)	grapefruit	['greɪpfruːt]
bes (de)	berry	['berɪ]
bessen (mv.)	berries	['berɪːz]
vossenbes (de)	cowberry	['kaʊberɪ]
bosaardbei (de)	field strawberry	[ˌfiːld 'strɔːbərɪ]
bosbes (de)	bilberry	['bɪlbərɪ]

145. Bloemen. Planten

bloem (de)	flower	['flaʊə(r)]
boeket (het)	bouquet	[bʊ'keɪ]

roos (de)	rose	[rəʊz]
tulp (de)	tulip	[ˈtjuːlɪp]
anjer (de)	carnation	[kɑːˈneɪʃən]
gladiool (de)	gladiolus	[ˌglædɪˈəʊləs]
korenbloem (de)	cornflower	[ˈkɔːnflaʊə(r)]
klokje (het)	bluebell	[ˈbluːbel]
paardenbloem (de)	dandelion	[ˈdændɪlaɪən]
kamille (de)	camomile	[ˈkæməmaɪl]
aloë (de)	aloe	[ˈæləʊ]
cactus (de)	cactus	[ˈkæktəs]
ficus (de)	rubber plant, ficus	[ˈrʌbə plɑːnt], [ˈfaɪkəs]
lelie (de)	lily	[ˈlɪlɪ]
geranium (de)	geranium	[dʒɪˈreɪnjəm]
hyacint (de)	hyacinth	[ˈhaɪəsɪnθ]
mimosa (de)	mimosa	[mɪˈməʊzə]
narcis (de)	narcissus	[nɑːˈsɪsəs]
Oostindische kers (de)	nasturtium	[nəsˈtɜːʃəm]
orchidee (de)	orchid	[ˈɔːkɪd]
pioenroos (de)	peony	[ˈpiːənɪ]
viooltje (het)	violet	[ˈvaɪələt]
driekleurig viooltje (het)	pansy	[ˈpænzɪ]
vergeet-mij-nietje (het)	forget-me-not	[fəˈget mi ˌnɒt]
madeliefje (het)	daisy	[ˈdeɪzɪ]
papaver (de)	poppy	[ˈpɒpɪ]
hennep (de)	hemp	[hemp]
munt (de)	mint	[mɪnt]
lelietje-van-dalen (het)	lily of the valley	[ˈlɪlɪ əv ðə ˈvælɪ]
sneeuwklokje (het)	snowdrop	[ˈsnəʊdrɒp]
brandnetel (de)	nettle	[ˈnetəl]
veldzuring (de)	sorrel	[ˈsɒrəl]
waterlelie (de)	water lily	[ˈwɔːtə ˈlɪlɪ]
varen (de)	fern	[fɜːn]
korstmos (het)	lichen	[ˈlaɪkən]
oranjerie (de)	tropical greenhouse	[ˈtrɒpɪkəl ˈgriːnhaʊs]
gazon (het)	lawn	[lɔːn]
bloemperk (het)	flowerbed	[ˈflaʊəbed]
plant (de)	plant	[plɑːnt]
gras (het)	grass	[grɑːs]
grasspriet (de)	blade of grass	[bleɪd əv grɑːs]
blad (het)	leaf	[liːf]
bloemblad (het)	petal	[ˈpetəl]
stengel (de)	stem	[stem]
knol (de)	tuber	[ˈtjuːbə(r)]
scheut (de)	young plant	[jʌŋ plɑːnt]

doorn (de)	thorn	[θɔːn]
bloeien (ww)	to blossom (vi)	[tə 'blɒsəm]
verwelken (ww)	to fade (vi)	[tə feɪd]
geur (de)	smell	[smel]
snijden (bijv. bloemen ~)	to cut (vt)	[tə kʌt]
plukken (bloemen ~)	to pick (vt)	[tə pɪk]

146. Granen, graankorrels

graan (het)	grain	[greɪn]
graangewassen (mv.)	cereal crops	['sɪərɪəl krɒps]
aar (de)	ear	[ɪə(r)]
tarwe (de)	wheat	[wiːt]
rogge (de)	rye	[raɪ]
haver (de)	oats	[əʊts]
gierst (de)	millet	['mɪlɪt]
gerst (de)	barley	['bɑːlɪ]
maïs (de)	corn	[kɔːn]
rijst (de)	rice	[raɪs]
boekweit (de)	buckwheat	['bʌkwiːt]
erwt (de)	pea	[piː]
boon (de)	kidney bean	['kɪdnɪ biːn]
soja (de)	soy	[sɔɪ]
linze (de)	lentil	['lentɪl]
bonen (mv.)	beans	[biːnz]

LANDEN. NATIONALITEITEN

147. West-Europa

Europa (het)	Europe	['juərəp]
Europese Unie (de)	European Union	[ˌjuərə'piːən 'juːnɪən]
Oostenrijk (het)	Austria	['ɒstrɪə]
Groot-Brittannië (het)	Great Britain	[greɪt 'brɪtən]
Engeland (het)	England	['ɪŋglənd]
België (het)	Belgium	['beldʒəm]
Duitsland (het)	Germany	['dʒɜːmənɪ]
Nederland (het)	Netherlands	['neðələndz]
Holland (het)	Holland	['hɒlənd]
Griekenland (het)	Greece	[griːs]
Denemarken (het)	Denmark	['denmɑːk]
Ierland (het)	Ireland	['aɪələnd]
IJsland (het)	Iceland	['aɪslənd]
Spanje (het)	Spain	[speɪn]
Italië (het)	Italy	['ɪtəlɪ]
Cyprus (het)	Cyprus	['saɪprəs]
Malta (het)	Malta	['mɔːltə]
Noorwegen (het)	Norway	['nɔːweɪ]
Portugal (het)	Portugal	['pɔːtʃugəl]
Finland (het)	Finland	['fɪnlənd]
Frankrijk (het)	France	[frɑːns]
Zweden (het)	Sweden	['swiːdən]
Zwitserland (het)	Switzerland	['swɪtsələnd]
Schotland (het)	Scotland	['skɒtlənd]
Vaticaanstad (de)	Vatican	['vætɪkən]
Liechtenstein (het)	Liechtenstein	['lɪktənstaɪn]
Luxemburg (het)	Luxembourg	['lʌksəmbɜːg]
Monaco (het)	Monaco	['mɒnəkəʊ]

148. Centraal- en Oost-Europa

Albanië (het)	Albania	[æl'beɪnɪə]
Bulgarije (het)	Bulgaria	[bʌl'geərɪə]
Hongarije (het)	Hungary	['hʌŋgərɪ]
Letland (het)	Latvia	['lætvɪə]
Litouwen (het)	Lithuania	[ˌlɪθjuː'eɪnjə]
Polen (het)	Poland	['pəʊlənd]

Roemenië (het)	Romania	[ruːˈmeɪnɪə]
Servië (het)	Serbia	[ˈsɜːbɪə]
Slowakije (het)	Slovakia	[sləˈvækɪə]

Kroatië (het)	Croatia	[krəʊˈeɪʃə]
Tsjechië (het)	Czech Republic	[tʃek rɪˈpʌblɪk]
Estland (het)	Estonia	[eˈstəʊnjə]

Bosnië en Herzegovina (het)	Bosnia-Herzegovina	[ˈbɒznɪə ˌheətsəgəˈviːnə]
Macedonië (het)	Macedonia	[ˌmæsɪˈdəʊnɪə]
Slovenië (het)	Slovenia	[sləˈviːnɪə]
Montenegro (het)	Montenegro	[ˌmɒntɪˈniːgrəʊ]

149. Voormalige USSR landen

| Azerbeidzjan (het) | Azerbaijan | [ˌæzəbaɪˈdʒɑːn] |
| Armenië (het) | Armenia | [ɑːˈmiːnɪə] |

Wit-Rusland (het)	Belarus	[ˌbeləˈruːs]
Georgië (het)	Georgia	[ˈdʒɔːdʒjə]
Kazakstan (het)	Kazakhstan	[ˌkæzækˈstɑːn]
Kirgizië (het)	Kirghizia	[kɜːˈgɪzɪə]
Moldavië (het)	Moldavia	[mɒlˈdeɪvɪə]

| Rusland (het) | Russia | [ˈrʌʃə] |
| Oekraïne (het) | Ukraine | [juːˈkreɪn] |

Tadzjikistan (het)	Tajikistan	[tɑːˌdʒɪkɪˈstɑːn]
Turkmenistan (het)	Turkmenistan	[ˌtɜːkmenɪˈstɑːn]
Oezbekistan (het)	Uzbekistan	[ʊzˌbekɪˈstɑːn]

150. Azië

Azië (het)	Asia	[ˈeɪʒə]
Vietnam (het)	Vietnam	[ˌvjetˈnɑːm]
India (het)	India	[ˈɪndɪə]
Israël (het)	Israel	[ˈɪzreɪəl]

China (het)	China	[ˈtʃaɪnə]
Libanon (het)	Lebanon	[ˈlebənən]
Mongolië (het)	Mongolia	[mɒŋˈgəʊlɪə]

| Maleisië (het) | Malaysia | [məˈleɪzɪə] |
| Pakistan (het) | Pakistan | [ˈpækɪstæn] |

Saoedi-Arabië (het)	Saudi Arabia	[ˈsaʊdɪ əˈreɪbɪə]
Thailand (het)	Thailand	[ˈtaɪlænd]
Taiwan (het)	Taiwan	[ˌtaɪˈwɑːn]
Turkije (het)	Turkey	[ˈtɜːkɪ]
Japan (het)	Japan	[dʒəˈpæn]
Afghanistan (het)	Afghanistan	[æfˈgænɪˌstæn]
Bangladesh (het)	Bangladesh	[ˌbæŋgləˈdeʃ]

| Indonesië (het) | Indonesia | [ˌɪndə'niːzjə] |
| Jordanië (het) | Jordan | ['dʒɔːdən] |

Irak (het)	Iraq	[ɪ'rɑːk]
Iran (het)	Iran	[ɪ'rɑːn]
Cambodja (het)	Cambodia	[kæm'bəʊdjə]
Koeweit (het)	Kuwait	[kʊ'weɪt]

Laos (het)	Laos	[laʊs]
Myanmar (het)	Myanmar	[ˌmaɪæn'mɑː(r)]
Nepal (het)	Nepal	[nɪ'pɔːl]
Verenigde Arabische Emiraten	United Arab Emirates	[juː'naɪtɪd 'ærəb 'emərəts]

| Syrië (het) | Syria | ['sɪrɪə] |
| Palestijnse autonomie (de) | Palestine | ['pæləˌstaɪn] |

| Zuid-Korea (het) | South Korea | [saʊθ kə'rɪə] |
| Noord-Korea (het) | North Korea | [nɔːθ kə'rɪə] |

151. Noord-Amerika

Verenigde Staten van Amerika	United States of America	[juː'naɪtɪd steɪts əv ə'merɪkə]
Canada (het)	Canada	['kænədə]
Mexico (het)	Mexico	['meksɪkəʊ]

152. Midden- en Zuid-Amerika

Argentinië (het)	Argentina	[ˌɑːdʒən'tiːnə]
Brazilië (het)	Brazil	[brə'zɪl]
Colombia (het)	Colombia	[kə'lɒmbɪə]

| Cuba (het) | Cuba | ['kjuːbə] |
| Chili (het) | Chile | ['tʃɪlɪ] |

| Bolivia (het) | Bolivia | [bə'lɪvɪə] |
| Venezuela (het) | Venezuela | [ˌvenɪ'zweɪlə] |

| Paraguay (het) | Paraguay | ['pærəgwaɪ] |
| Peru (het) | Peru | [pə'ruː] |

Suriname (het)	Suriname	[ˌsʊərɪ'næm]
Uruguay (het)	Uruguay	['jʊərəgwaɪ]
Ecuador (het)	Ecuador	['ekwədɔː(r)]

| Bahama's (mv.) | The Bahamas | [ðə bə'hɑːməz] |
| Haïti (het) | Haiti | ['heɪtɪ] |

Dominicaanse Republiek (de)	Dominican Republic	[də'mɪnɪkən rɪ'pʌblɪk]
Panama (het)	Panama	['pænəmɑː]
Jamaica (het)	Jamaica	[dʒə'meɪkə]

153. Afrika

Egypte (het)	Egypt	['i:dʒɪpt]
Marokko (het)	Morocco	[mə'rɒkəʊ]
Tunesië (het)	Tunisia	[tju:'nɪzɪə]
Ghana (het)	Ghana	['gɑ:nə]
Zanzibar (het)	Zanzibar	[ˌzænzɪ'bɑ:(r)]
Kenia (het)	Kenya	['kenjə]
Libië (het)	Libya	['lɪbɪə]
Madagaskar (het)	Madagascar	[ˌmædə'gæskə(r)]
Namibië (het)	Namibia	[nə'mɪbɪə]
Senegal (het)	Senegal	[ˌsenɪ'gɔ:l]
Tanzania (het)	Tanzania	[ˌtænzə'nɪə]
Zuid-Afrika (het)	South Africa	[saʊθ 'æfrɪkə]

154. Australië. Oceanië

Australië (het)	Australia	[ɒ'streɪljə]
Nieuw-Zeeland (het)	New Zealand	[nju: 'zi:lənd]
Tasmanië (het)	Tasmania	[tæz'meɪnjə]
Frans-Polynesië	French Polynesia	[frentʃ ˌpɒlɪ'ni:zjə]

155. Steden

Amsterdam	Amsterdam	[ˌæmstə'dæm]
Ankara	Ankara	['æŋkərə]
Athene	Athens	['æθɪnz]
Bagdad	Baghdad	[bæg'dæd]
Bangkok	Bangkok	[ˌbæŋ'kɒk]
Barcelona	Barcelona	[ˌbɑ:sɪ'leʊnə]
Beiroet	Beirut	[ˌbeɪ'ru:t]
Berlijn	Berlin	[bɜ:'lɪn]
Boedapest	Budapest	[ˌbju:də'pest]
Boekarest	Bucharest	[ˌbu:kə'rest]
Bombay, Mumbai	Bombay, Mumbai	[ˌbɒm'beɪ], [mʊm'baɪ]
Bonn	Bonn	[bɒn]
Bordeaux	Bordeaux	[bɔ:'dəʊ]
Bratislava	Bratislava	[ˌbrætɪ'slɑ:və]
Brussel	Brussels	['brʌsəlz]
Caïro	Cairo	['kaɪərəʊ]
Calcutta	Calcutta	[kæl'kʌtə]
Chicago	Chicago	[ʃɪ'kɑ:gəʊ]
Dar Es Salaam	Dar-es-Salaam	[ˌdɑ:ressə'lɑ:m]
Delhi	Delhi	['delɪ]
Den Haag	The Hague	[ðə heɪg]

Dutch	English	IPA
Dubai	Dubai	[ˌduːˈbaɪ]
Dublin	Dublin	[ˈdʌblɪn]
Düsseldorf	Düsseldorf	[ˌdjuːsəlˈdɔːf]
Florence	Florence	[ˈflɒrəns]
Frankfort	Frankfurt	[ˈfræŋkfɜt]
Genève	Geneva	[dʒɪˈniːvə]
Hamburg	Hamburg	[ˈhæmbɜːg]
Hanoi	Hanoi	[hæˈnɔɪ]
Havana	Havana	[həˈvænə]
Helsinki	Helsinki	[helˈsɪŋkɪ]
Hiroshima	Hiroshima	[hɪˈrɒʃɪmə]
Hongkong	Hong Kong	[ˌhɒŋˈkɒŋ]
Istanbul	Istanbul	[ˌɪstænˈbʊl]
Jeruzalem	Jerusalem	[dʒəˈruːsələm]
Kiev	Kiev	[ˈkiːev]
Kopenhagen	Copenhagen	[ˌkəʊpənˈheɪgən]
Kuala Lumpur	Kuala Lumpur	[ˌkwɑːləˈlʊmˌpʊə(r)]
Lissabon	Lisbon	[ˈlɪzbən]
Londen	London	[ˈlʌndən]
Los Angeles	Los Angeles	[lɒsˈændʒɪliːz]
Lyon	Lyons	[liːõ]
Madrid	Madrid	[məˈdrɪd]
Marseille	Marseille	[mɑːˈseɪ]
Mexico-Stad	Mexico City	[ˈmeksɪkəʊ ˈsɪtɪ]
Miami	Miami	[maɪˈæmɪ]
Montreal	Montreal	[ˌmɒntrɪˈɔːl]
Moskou	Moscow	[ˈmɒskəʊ]
München	Munich	[ˈmjuːnɪk]
Nairobi	Nairobi	[naɪˈrəʊbɪ]
Napels	Naples	[ˈneɪpəlz]
New York	New York	[njuː ˈjɔːk]
Nice	Nice	[ˈniːs]
Oslo	Oslo	[ˈɒzləʊ]
Ottawa	Ottawa	[ˈɒtəwə]
Parijs	Paris	[ˈpærɪs]
Peking	Beijing	[ˌbeɪˈdʒɪŋ]
Praag	Prague	[prɑːg]
Rio de Janeiro	Rio de Janeiro	[ˈriːəʊ də dʒəˈnɪərəʊ]
Rome	Rome	[rəʊm]
Seoel	Seoul	[səʊl]
Singapore	Singapore	[ˌsɪŋəˈpɔː(r)]
Sint-Petersburg	Saint Petersburg	[sənt ˈpiːtəzbɜːg]
Sjanghai	Shanghai	[ˌʃæŋˈhaɪ]
Stockholm	Stockholm	[ˈstɒkhəʊm]
Sydney	Sydney	[ˈsɪdnɪ]
Taipei	Taipei	[taɪˈpeɪ]
Tokio	Tokyo	[ˈtəʊkjəʊ]
Toronto	Toronto	[təˈrɒntəʊ]

Venetië	**Venice**	['venɪs]
Warschau	**Warsaw**	['wɔːsɔː]
Washington	**Washington**	['wɒʃɪŋtən]
Wenen	**Vienna**	[vɪ'enə]

www.ingramcontent.com/pod-product-compliance
Lightning Source LLC
Chambersburg PA
CBHW070556050426
42450CB00011B/2886